colorful
retreats
by Chris Mestdagh

Photography
Verne
Peter Verplancke
Chris Mestdagh

Text
Sophie Allegaert

CM 60 lavender oil

Als geen ander slaagt Chris Mestdagh er keer op keer in onze emoties in te kleuren. Spelend met zachte natuurnuances en uitzonderlijke kleurmelanges weet hij steevast een haven van serene rust te creëren. Een plek om veilig thuis en tot jezelf te komen. Geen weerhaken, geen trend om de trend, maar deugddoende eenvoud die het hoofd leegmaakt en de ziel adem gunt. Toch kleurt Chris Mestdagh nooit braafjes binnen de lijnen. Zowel met 'Colors with a View', vijf toonaangevende verf- en behangcollecties, als met dit boek bewijst de ontwerper dat sereniteit geen eindeloze variatie op beige is. Wel integendeel.
Welkom in zijn Colorful Retreats.

Comme nul autre, Chris Mestdagh réussit à tous les coups à mettre en couleurs nos émotions. Jouant avec de douces nuances naturelles et des mélanges de couleurs exceptionnels il arrive toujours à créer un havre de paix. Un coin où l'on se sent en sécurité chez soi et où l'on se retrouve. Pas de barbelés, ni d'effets de mode mais une simplicité bienfaisante qui permet de faire le vide en soi et à l'âme de respirer. Pourtant Chris Mestdagh ne colorie jamais sagement à l'intérieur des lignes. Tant avec 'Colors with a View', cinq collections de peintures et de papiers peints qui donnent le ton, qu'avec ce livre, le créateur prouve que la sérénité ne se limite pas à une variation infinie autour du beige. Bien au contraire.
Bienvenue dans ses Colorful Retreats.

Like no other designer, Chris Mestdagh succeeds in expressing our emotions with color time and again. Playing with soft natural shades and exceptional blends of colors, he always seems to create a safe and peaceful harbor, a place where you can come to your senses, where you can feel at home. No shocking or trendy effects; just a refreshing simplicity that helps to clear the mind and allows the soul to breathe. However, Chris Mestdagh never colors quietly within the lines. Both with 'Colors with a View', five trend-setting collections of paints and wallpapers, and with this book, the designer proves that serenity is not limited to infinite variations of beige. Nothing of the kind.
Welcome to his Colorful Retreats.

Wie kein Anderer schafft es Chris Mestdagh jedes Mal, unsere Gefühle in Farben auszudrücken. Durch sein Spiel mit natürlichen, weichen Farbtönen und seine außergewöhnlichen Farbmischungen gelingt es ihm immer, eine Insel des Friedens zu schaffen. Eine behagliche Ecke in den eigenen vier Wänden, in der man sich wiederfindet. Keine Schocks und Modeeffekte, sondern einfach nur eine wohl tuende Schlichtheit, die uns hilft, den Kopf zu leeren und die Seele baumeln zu lassen. Dennoch malt Chris Mestdagh ab und zu auch über die Linien hinaus. Mit seinen fünf Farb- und Tapetenkollektionen 'Colors with a View' gibt der Designer den Ton an und auch mit diesem Buch beweist er, dass Ausgeglichenheit nicht nur mit einer endlosen Variation von Beigetönen zu erreichen ist. Ganz im Gegenteil.
Herzlich willkommen zu seinen Colorful Retreats.

CM 10 clay ground

East Hampton Escape

The Hamptons, in de buurt van New York, is een veelomvattend begrip. Exclusief, discreet, ongerept. Maar bovenal is dit de plek waar de manager van een reclamebureau de draad van zijn leven weer oppakte. Op zijn 42ste kreeg deze carrièreman, al joggend in Central Park, af te rekenen met levensbedreigende hartritmestoornissen. Het leverde hem een pacemaker én een nieuwe levensfilosofie op. Voortaan zou hij leven in plaats van te werken. In East Hampton, ver genoeg van *the city that never sleeps,* vond hij de ideale plek om dat te doen. Chris Mestdagh ging er aan de slag met zijn stoffen, verven en behang en maakte er een echte thuis van.

The Hamptons, dans les environs de New York, est un concept complexe. Exclusif, discret, vierge. Mais c'est d'abord le lieu où un manager d'une agence de publicité a repris les rênes de sa vie en mains. A 42 ans, cet homme carriériste a eu de graves troubles cardiaques lors d'un jogging à Central Park. Cela lui valut un pacemaker et engendra une nouvelle philosophie de vie. A présent, il allait vivre au lieu de travailler. C'est à East Hampton, suffisamment loin de *the city that never sleeps*, qu'il trouva le lieu idéal pour entreprendre cela. Chris Mestdagh se mit alors au travail : grâce à ses tissus, peintures et papiers peints, il en fit un vrai chez-soi.

The Hamptons, near New York City, are a complex concept. Exclusive, restrained, virgin. Above all, it is a place where the manager of an advertising agency resumed the threads of his life. At age 42, this career man was faced with life-threatening heart disorder while jogging in Central Park. That earned him a pacemaker and changed his philosophy of life. He decided to live rather than work. It was in East Hampton, sufficiently far from *the city that never sleeps,* that he found the ideal place to do just that. Then Chris Mestdagh went to work: using his fabrics, paints and wallpaper, he created a true home.

The Hamptons, in der Nähe von New York, zeigt ein vielseitiges Konzept. Exklusiv, dezent, unberührt. Aber zunächst ist es der Ort, an dem ein Werbeagentur-Manager die Zügel seines Lebens wieder fest in die Hand genommen hat. Mit 42 Jahren bekam dieser Karrieremann plötzlich schlimme Herzbeschwerden beim Joggen im Central Park.
Die Folge: ein Herzschrittmacher. Aber auch eine neue Lebensphilosophie.
Leben statt arbeiten. Erst in East Hampton, weit genug von *the city that never sleeps* entfernt, fand er den idealen Ort für dieses Vorhaben. Chris Mestdagh machte sich sodann an die Arbeit. Mit seinen Stoffen, Farben und Tapeten machte er aus diesem Ort ein wahres Zuhause.

CM 120 wave

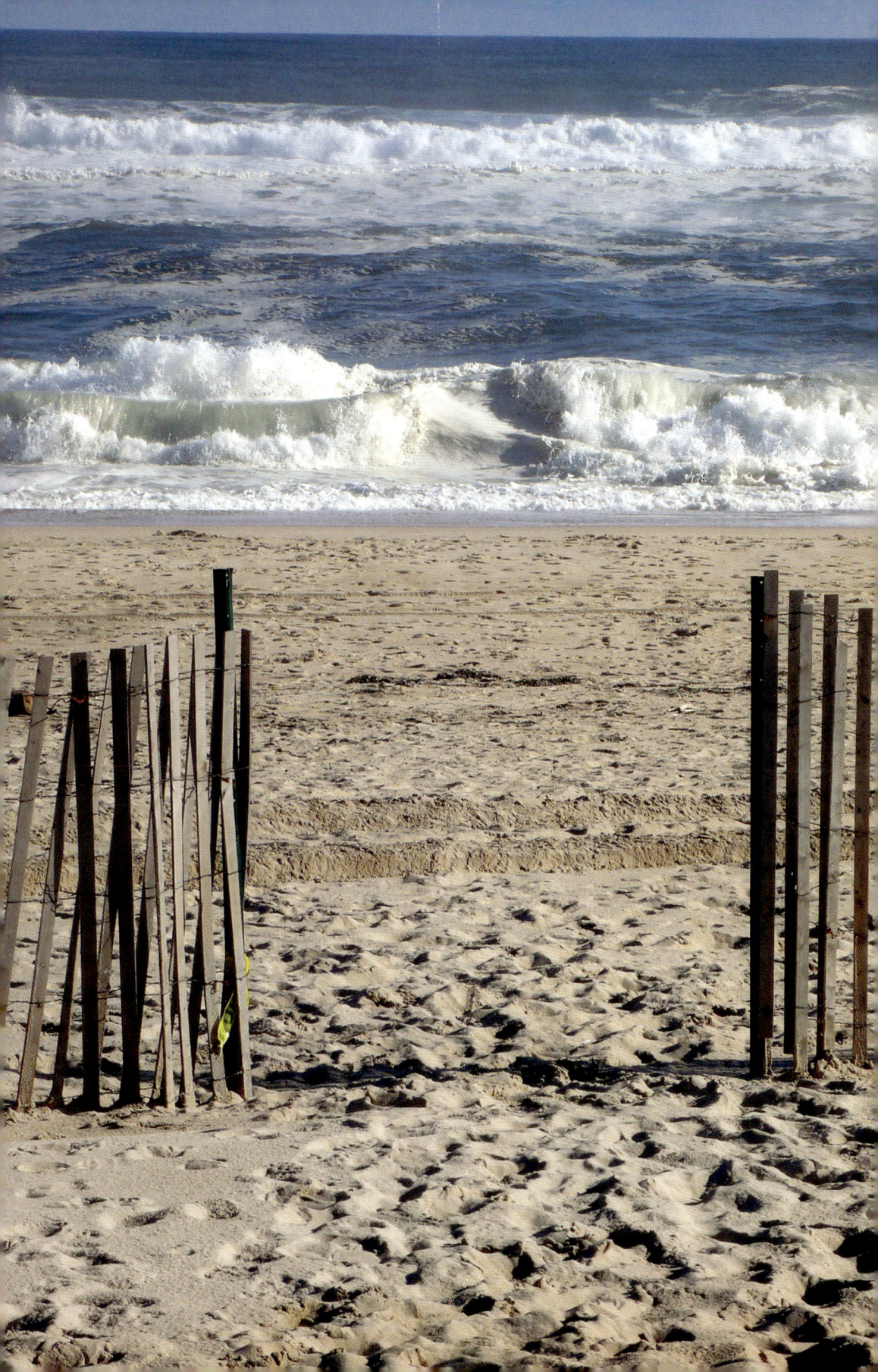

CM 03 mocca-rocca

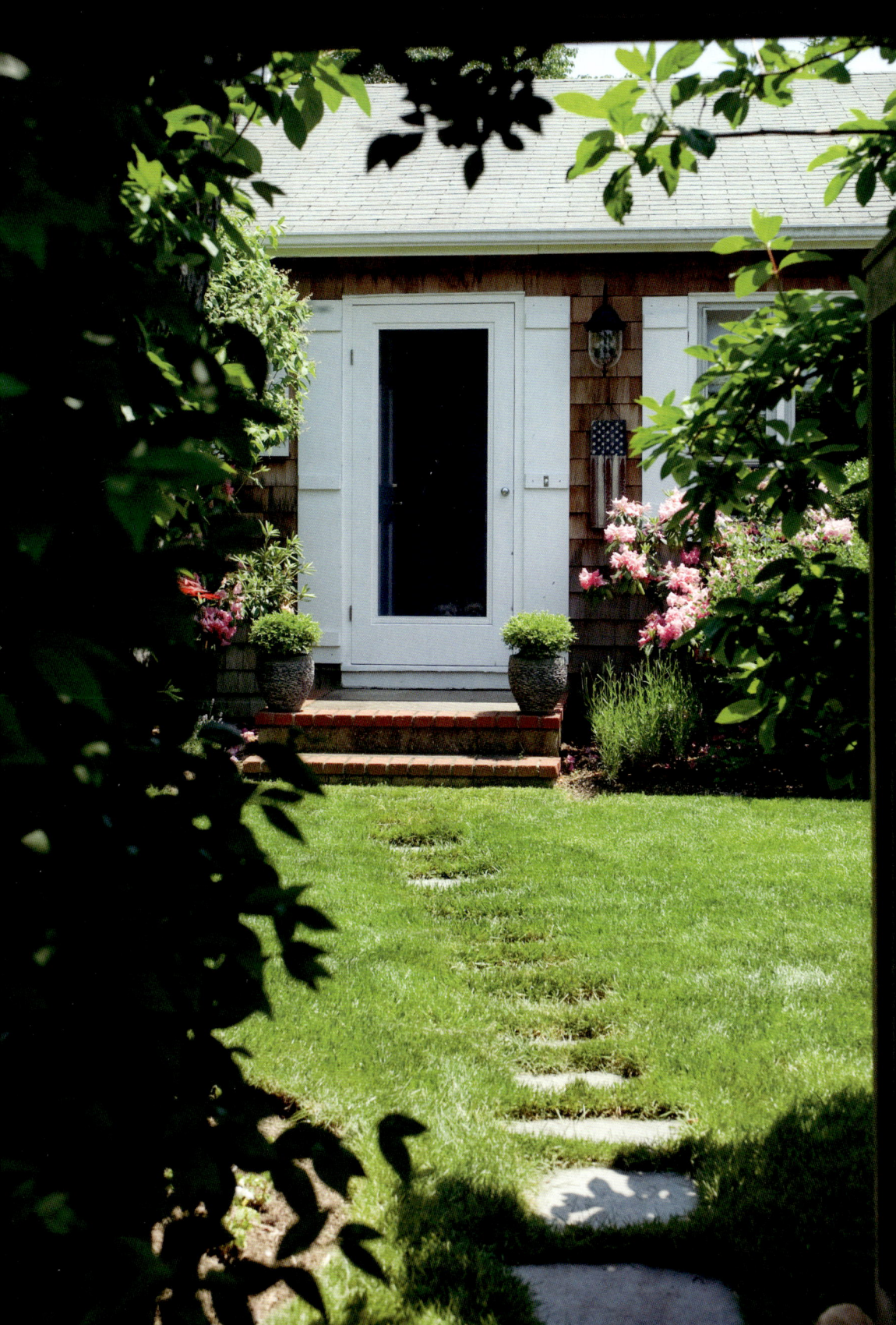

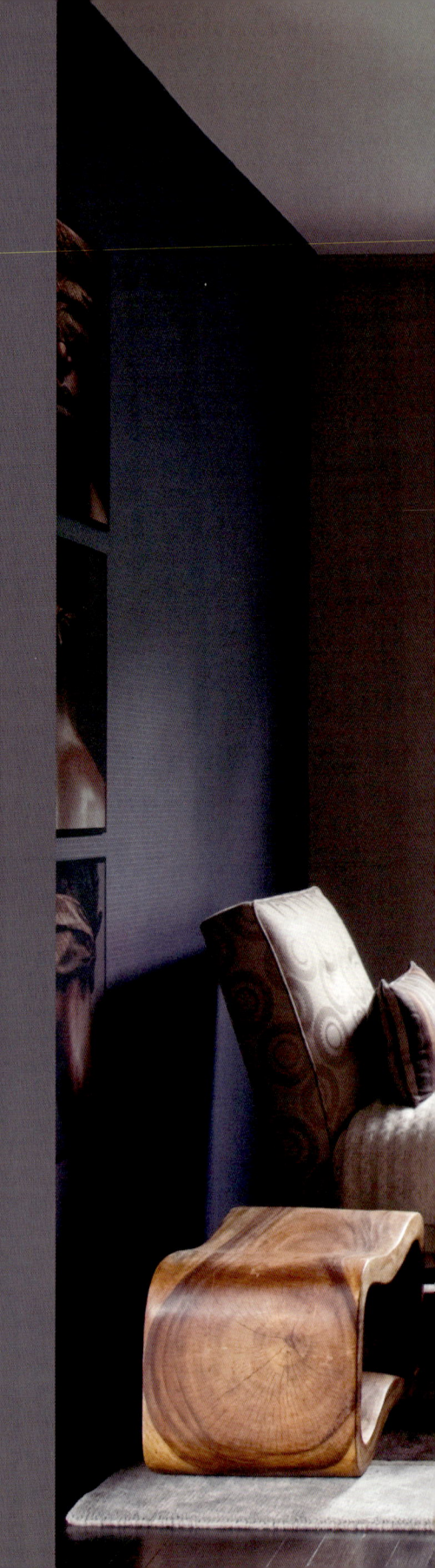

CM 77 granite

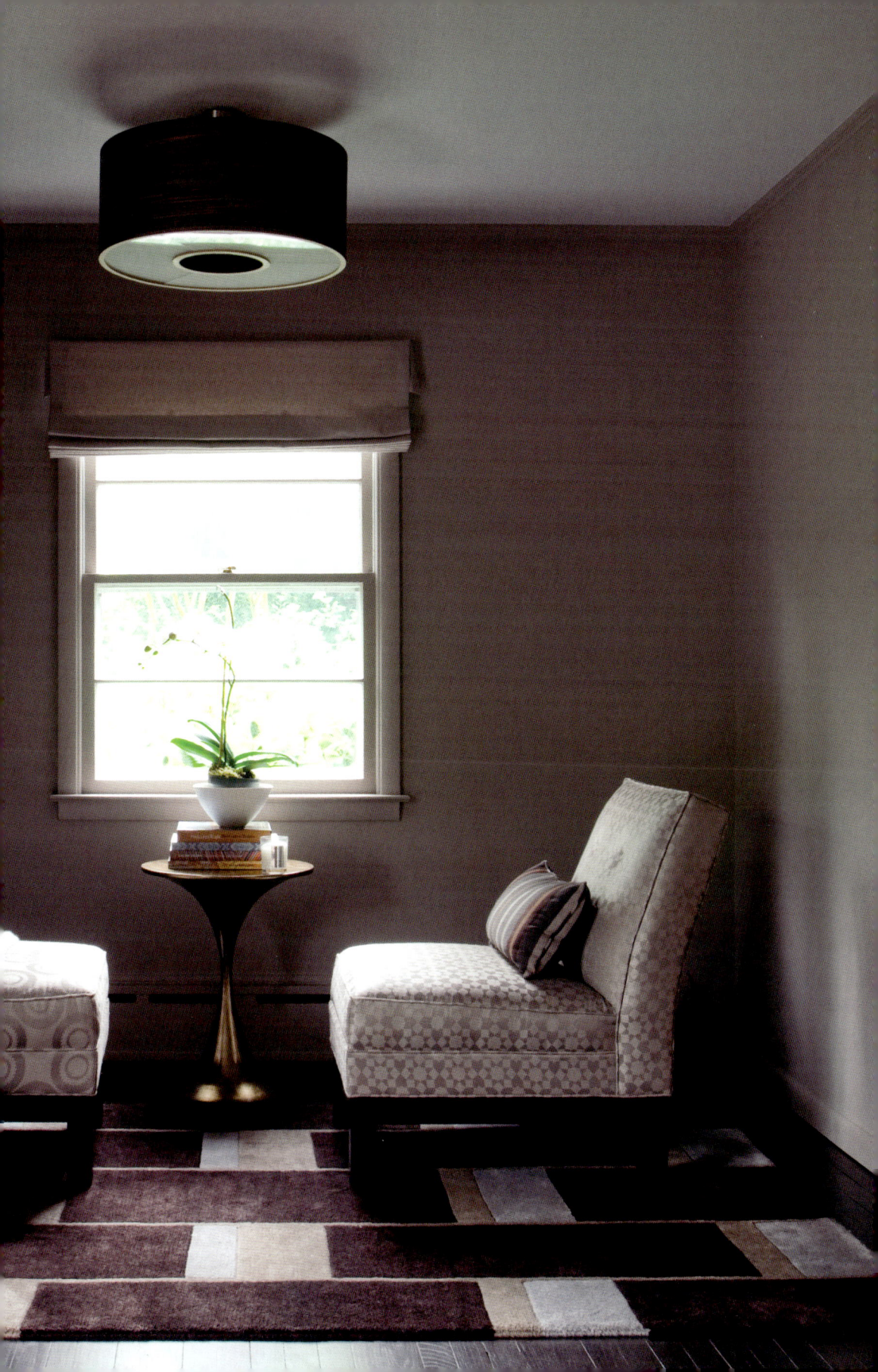

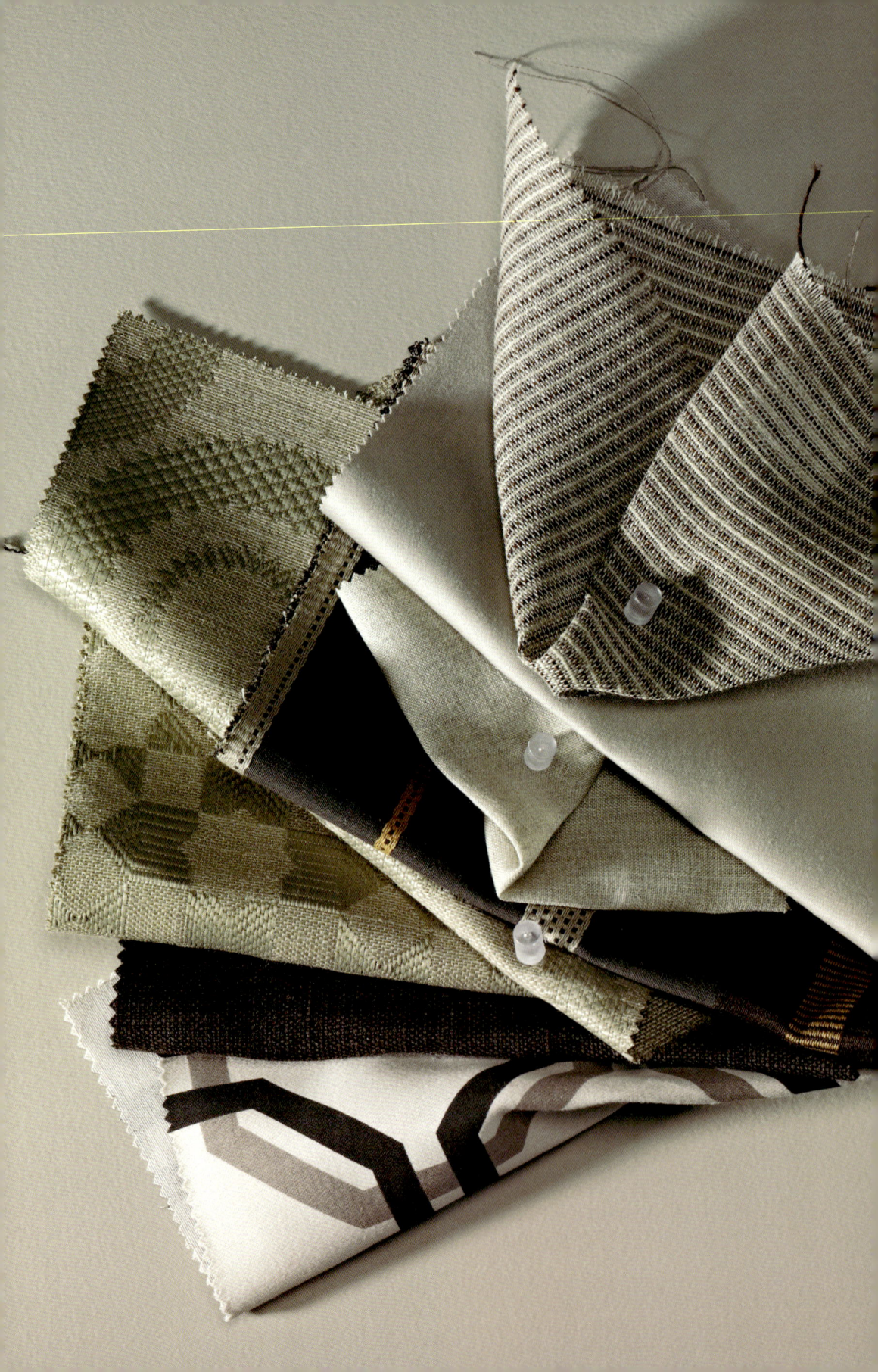

Verbleekte verfnuances die zwemen naar de nabije zee en haar welkome, hypnotiserende rust worden gemixt met een stoffenharmonie uit de eigen collectie. Discrete motieven, aaibare structuren en zomerse transparantie accentueren de uitgekiende selectie fauteuils, kussens en gordijnen.

Des nuances de couleurs décolorées qui avoisinent la mer proche et son calme, s'harmonisent à merveille avec des tissus de sa propre collection. Des motifs discrets, des textures câlines et une transparence estivale accentuent l'ingénieuse sélection de fauteuils, coussins et rideaux.

Pale shades of paint that match the hypnotizing calm of the nearby sea are in marvelous harmony with the fabrics from his collection. Restrained patterns, soft textures and a summery transparency accentuate the ingenious selection of easy chairs, cushions and drapes.

Verblichene Farbtöne, die dem nahen Meer gleichen und seine Ruhe verkörpern, harmonisieren wunderbar mit den Stoffen seiner eigenen Kollektion. Zurückhaltende Motive, schmeichelnde Texturen und eine sommerliche Transparenz betonen die raffinierte Auswahl an Sesseln, Kissen und Vorhängen.

CM 112 fresh clay

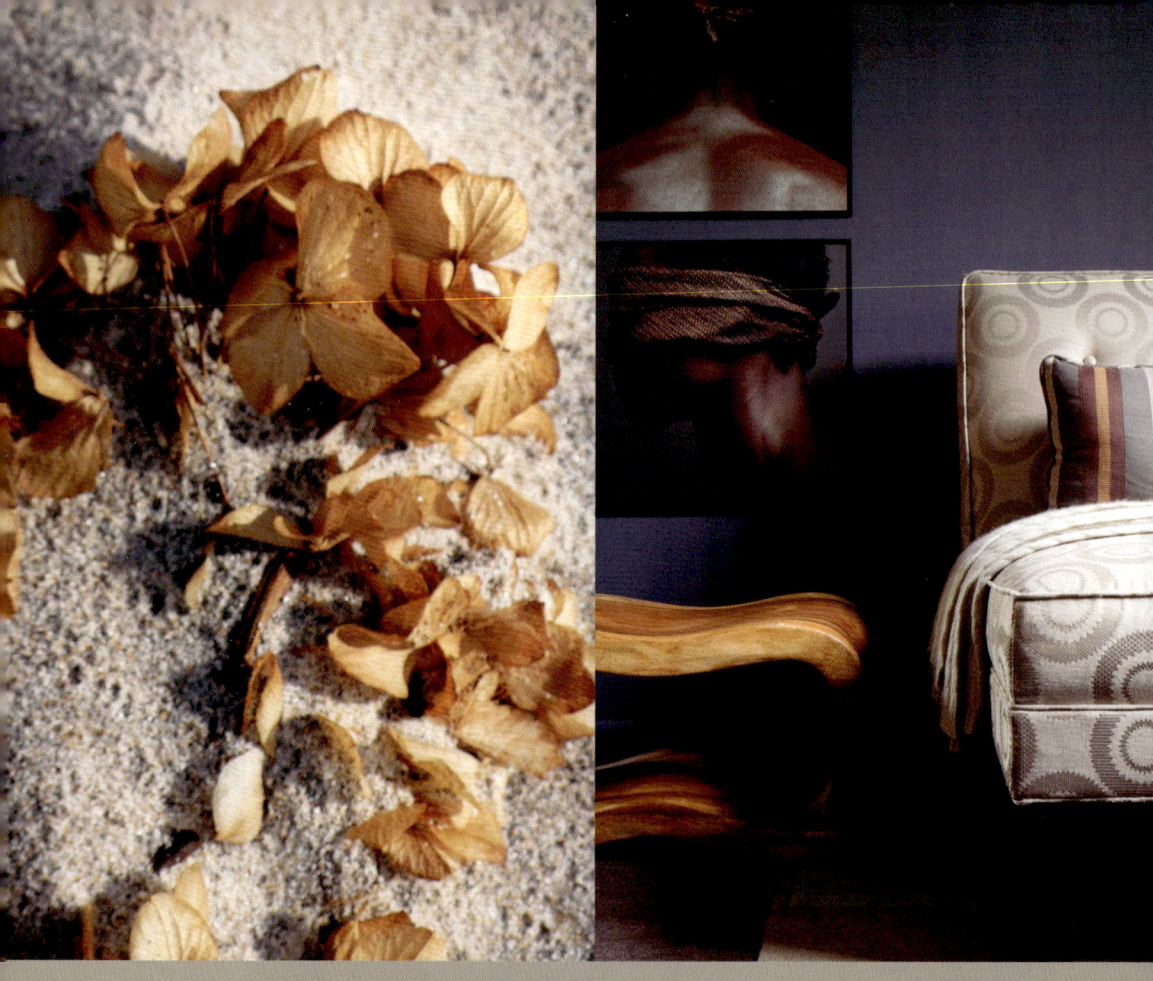

CM 70 penne

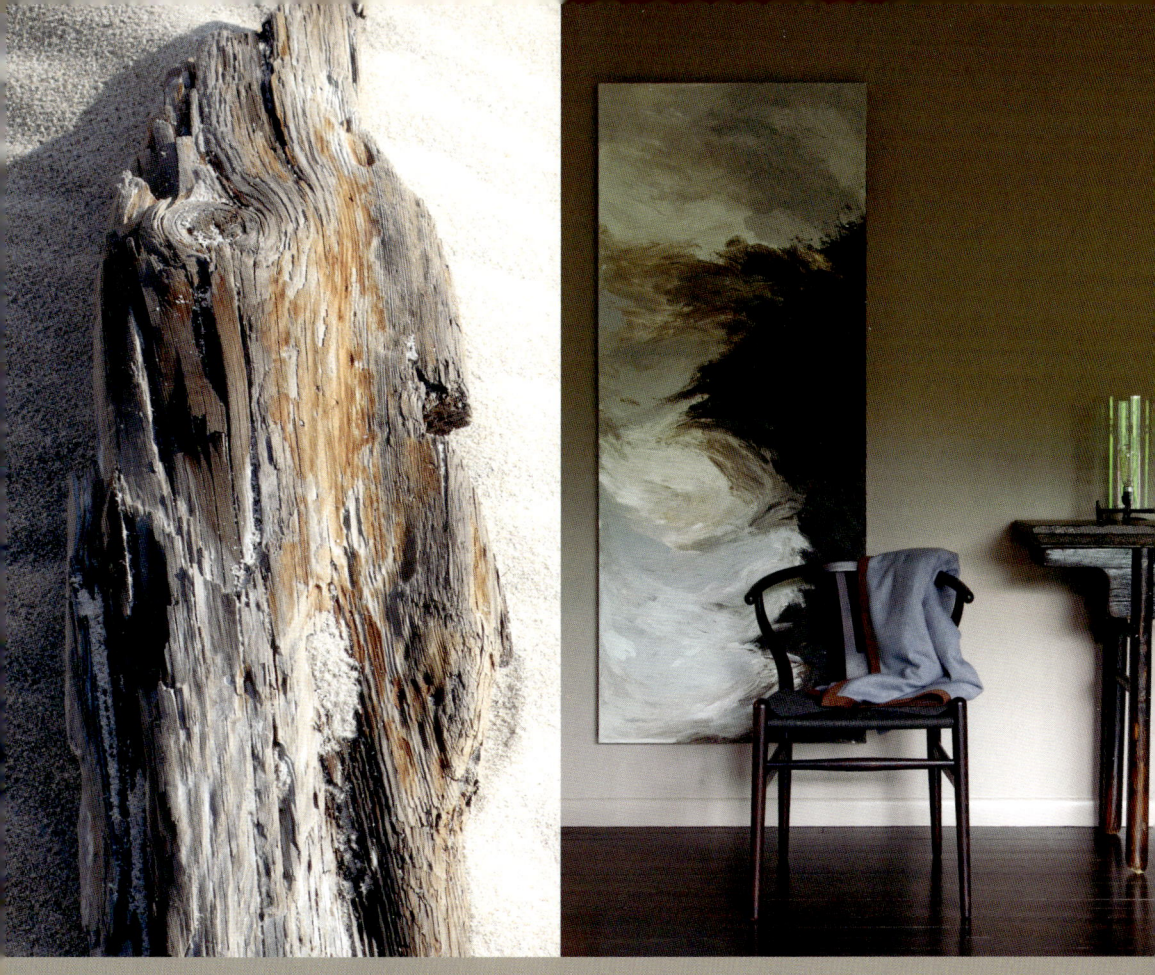

CM 70 penne

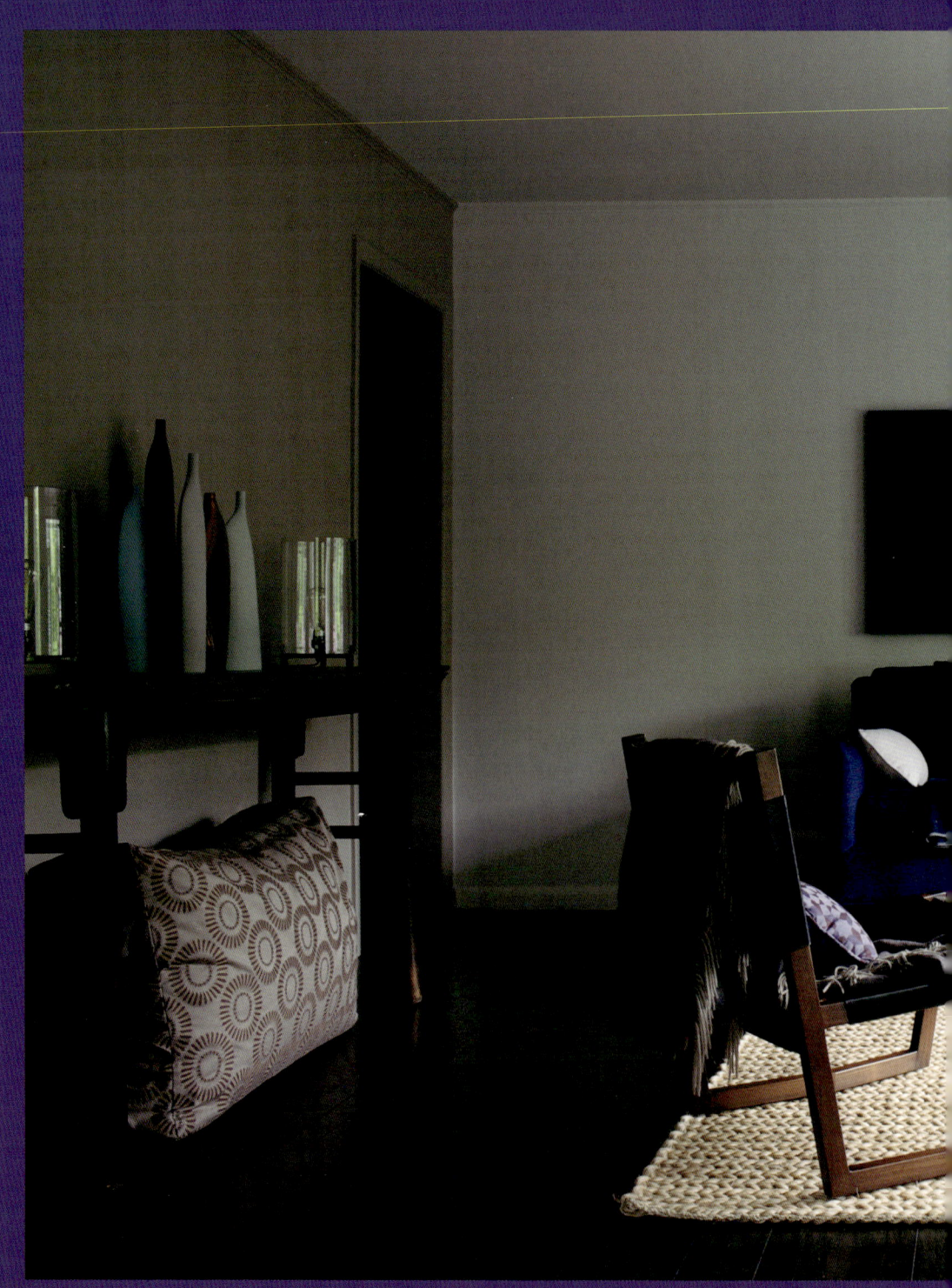

CM 14 santorini blue

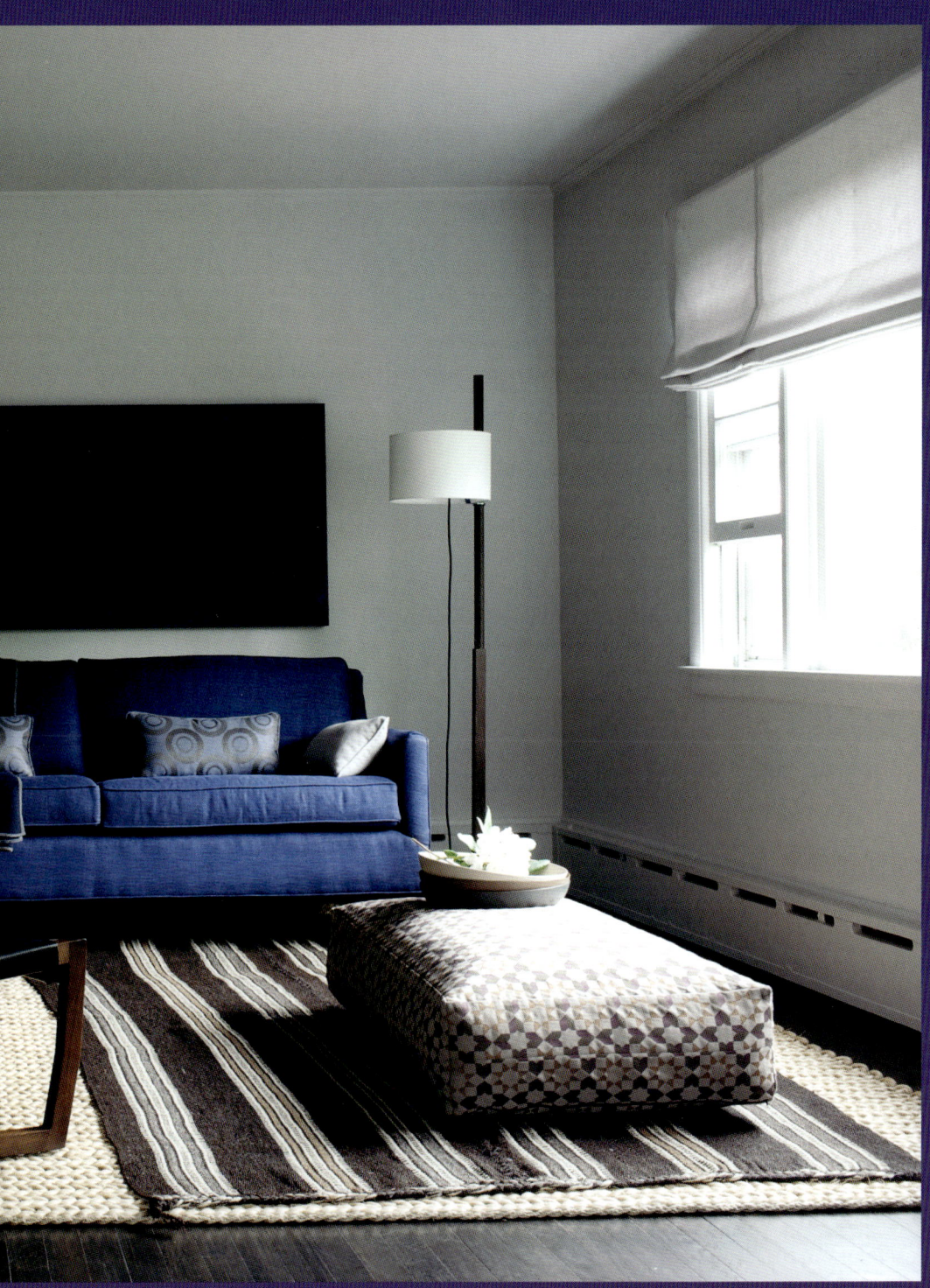

CM 14 santorini blue

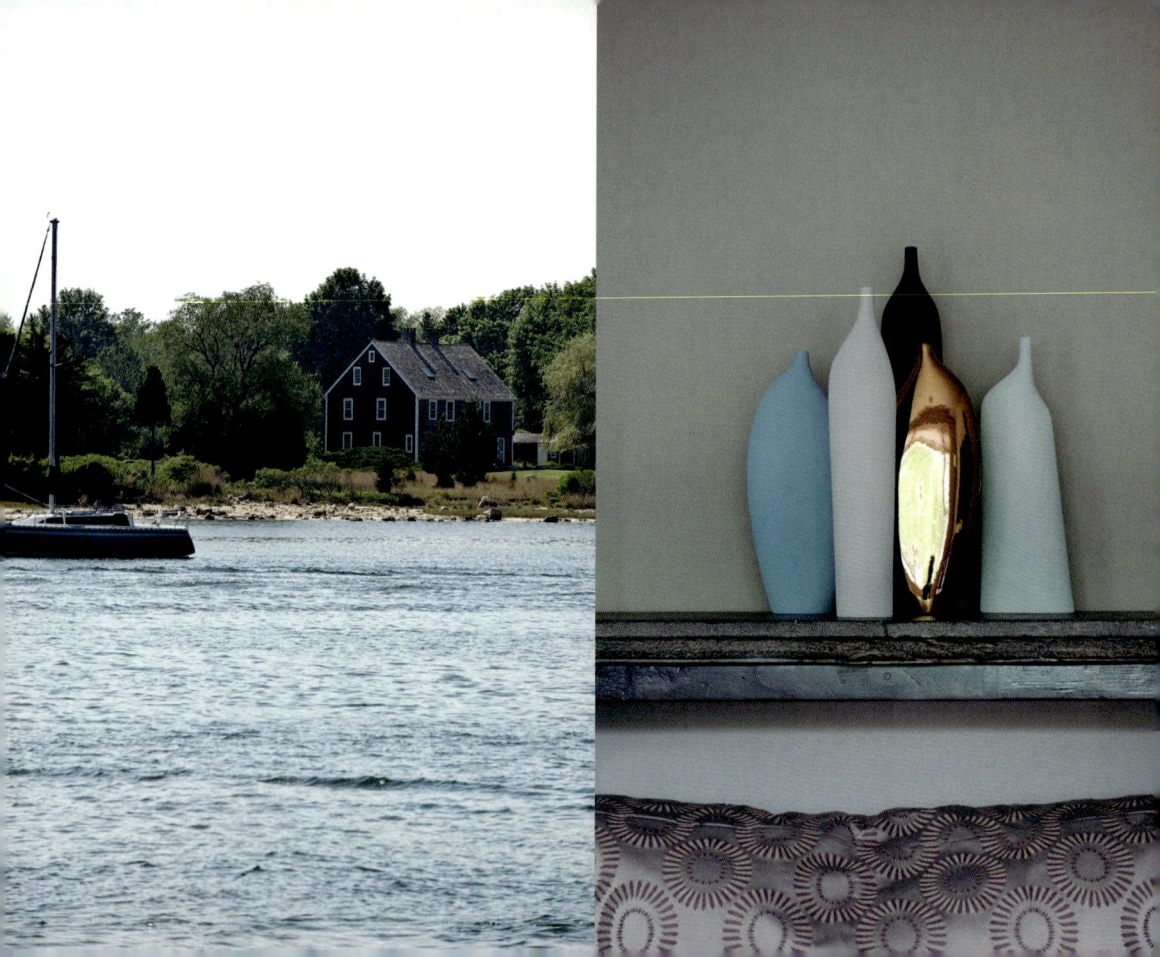

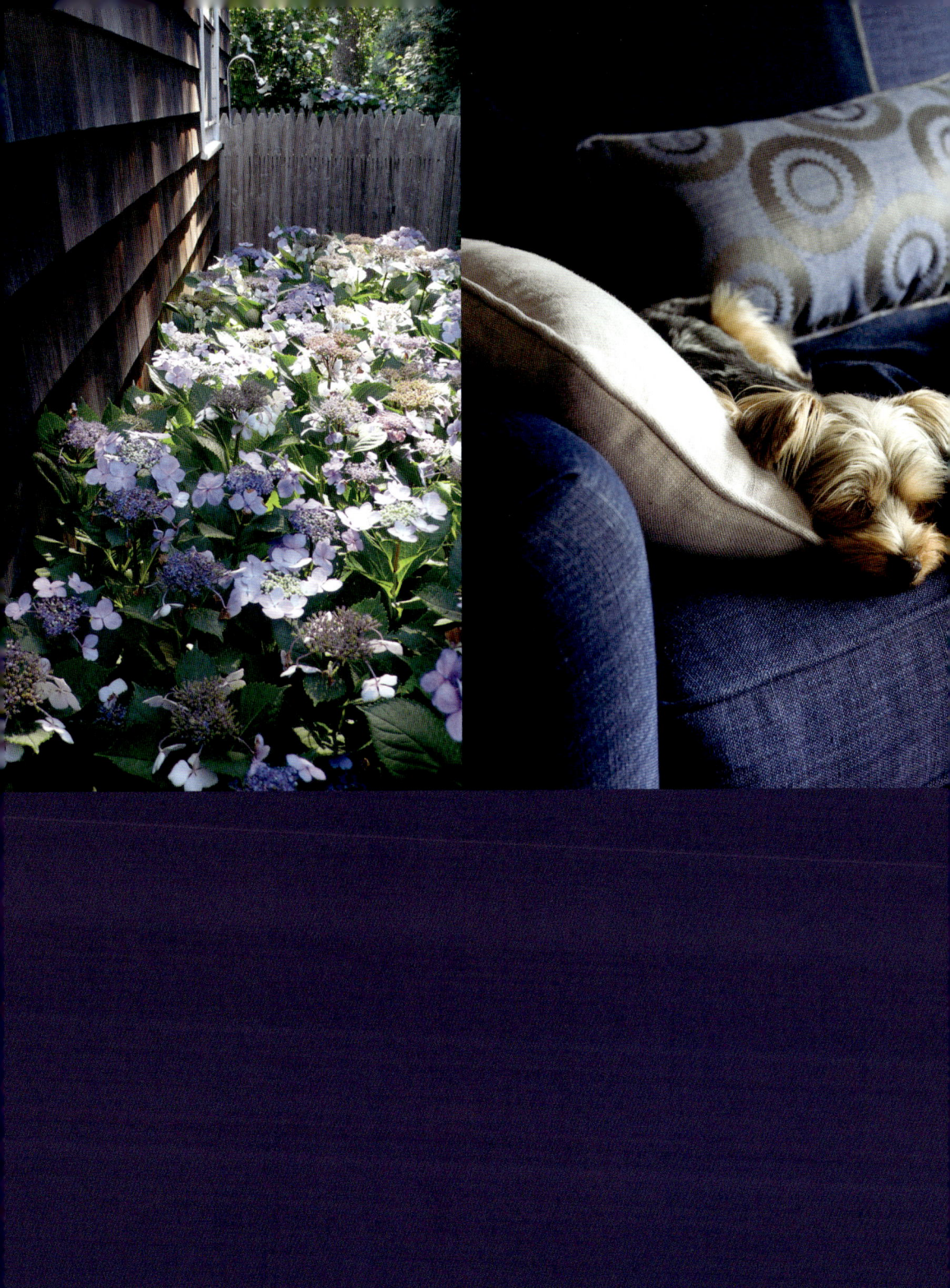

CM 61 moonlight

CM 02 cacao-nib

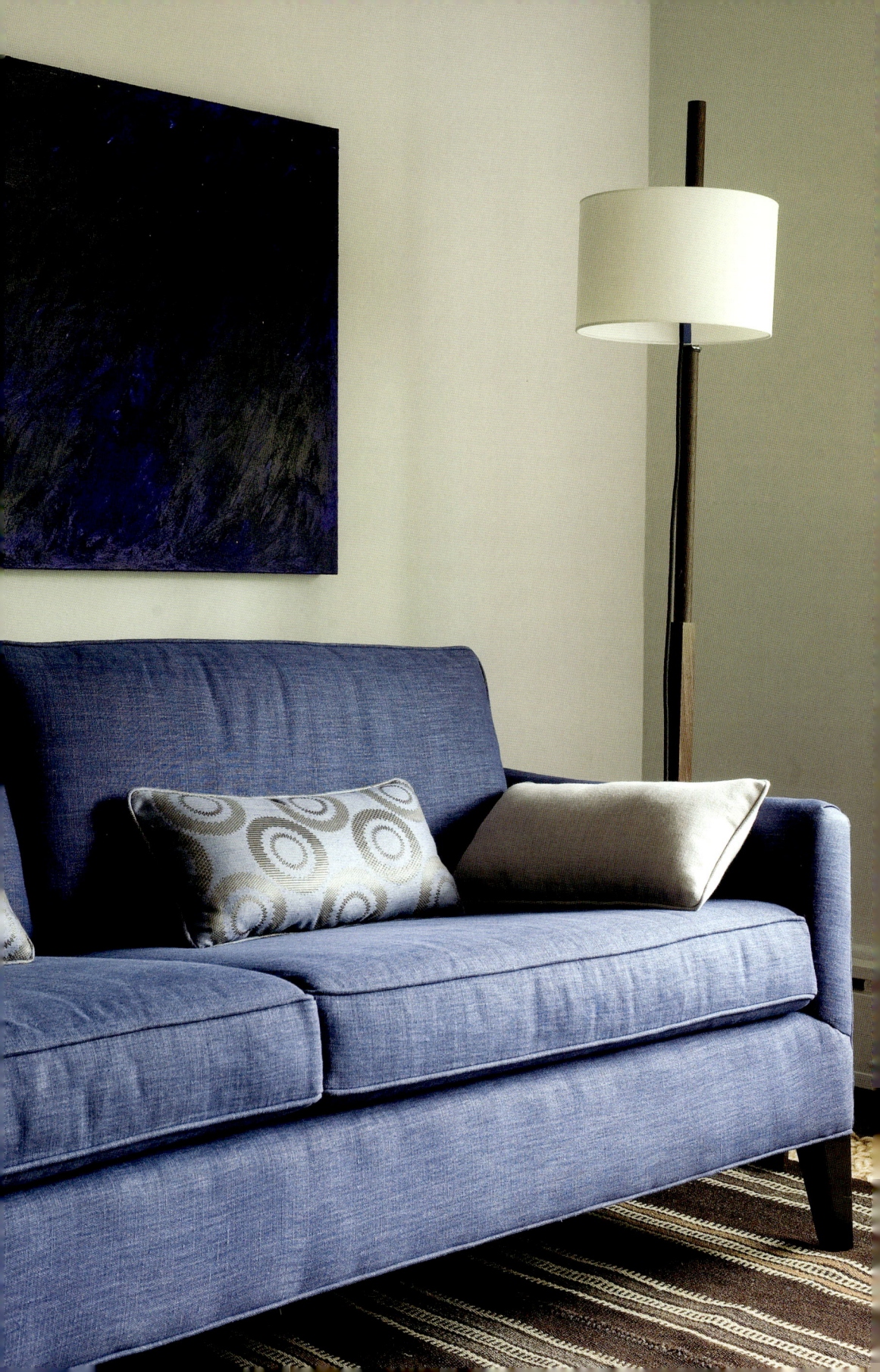

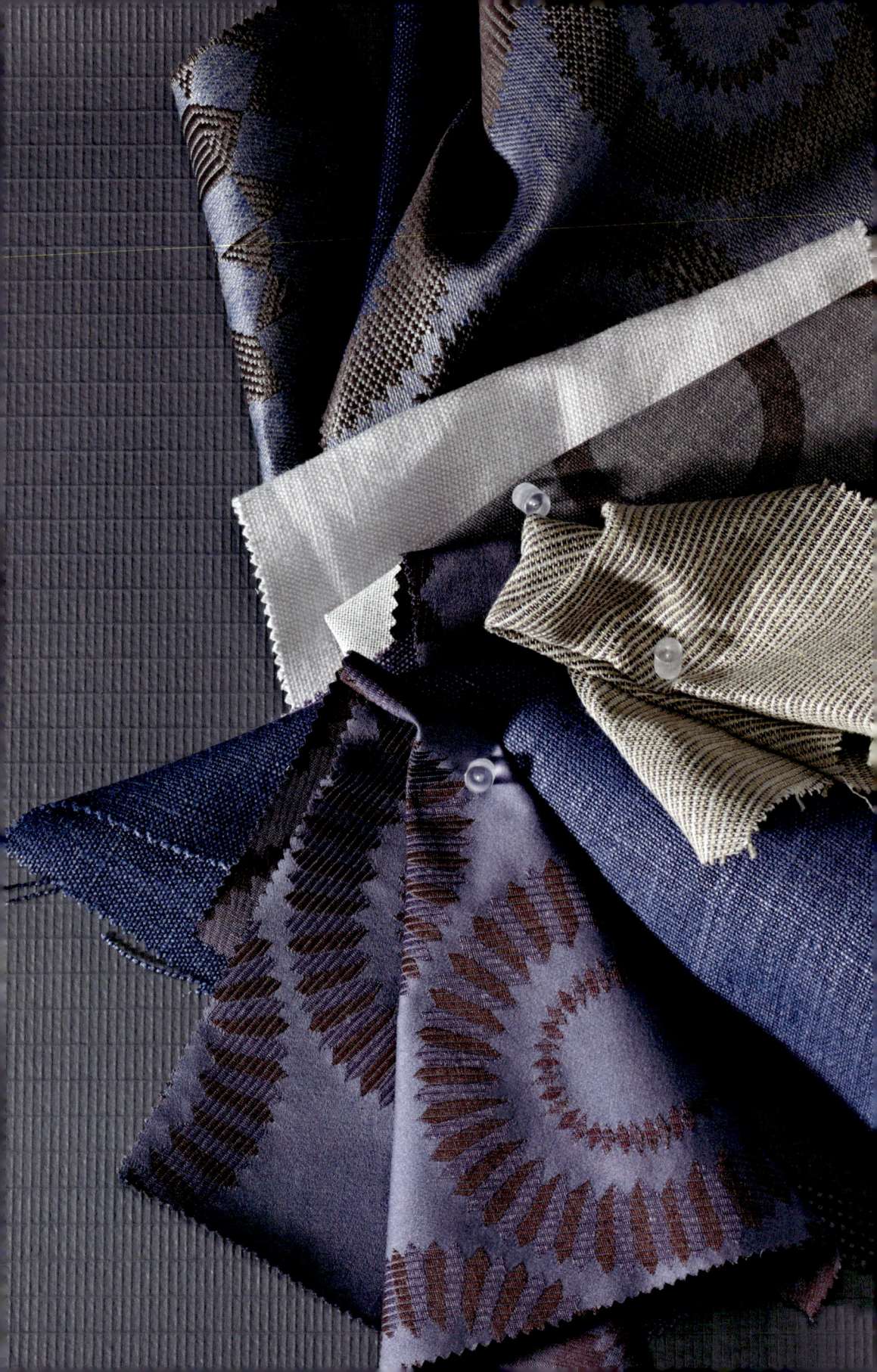

Om het blauwe 'Hamptons' reliëfbehang aan de andere kant van de kamer te complementeren, kregen zowel sofa als kussens blauwtinten aangemeten die reiken naar de hemel en geuren naar oceanen. Van diep middernachtsblauw tot voorzichtig ochtendgrijs.

Pour décliner avec délicatesse le papier peint en relief bleu 'Hamptons' de l'autre coté de la pièce, tant le sofa que les coussins se voient parés de teintes bleutées originales qui ouvrent sur le ciel et exhalent l'océan. Toute une gamme de nuances allant de la profondeur d'un bleu de milieu de nuit à un gris d'aube délicat.

To delicately complement the blue 'Hamptons' embossed wallpaper on the other side of the room, both the sofa and the cushions were adorned with original shades of blue that open to the sky and exhale the ocean: a whole range of shades from the depth of midnight blue to the delicate gray of dawn.

Damit die blaue Relieftapete 'Hamptons' am anderen Ende des Raums sich in das Gesamtbild mit einfügt, sind sowohl das Sofa als auch die Kissen in originellen Himmels- und Meeresfarben gehalten. So entsteht eine ganze Farbpalette, von tiefem Nachtblau bis hin zum zarten Grau der Morgendämmerung.

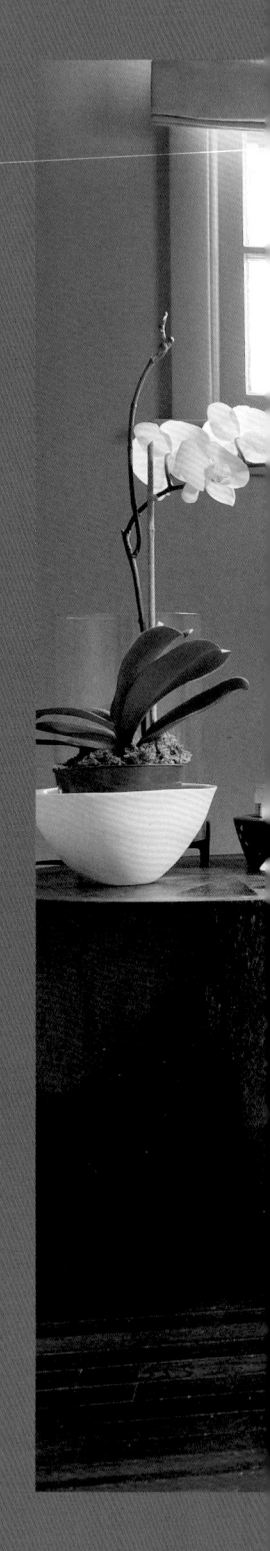

CM 99 daffodil

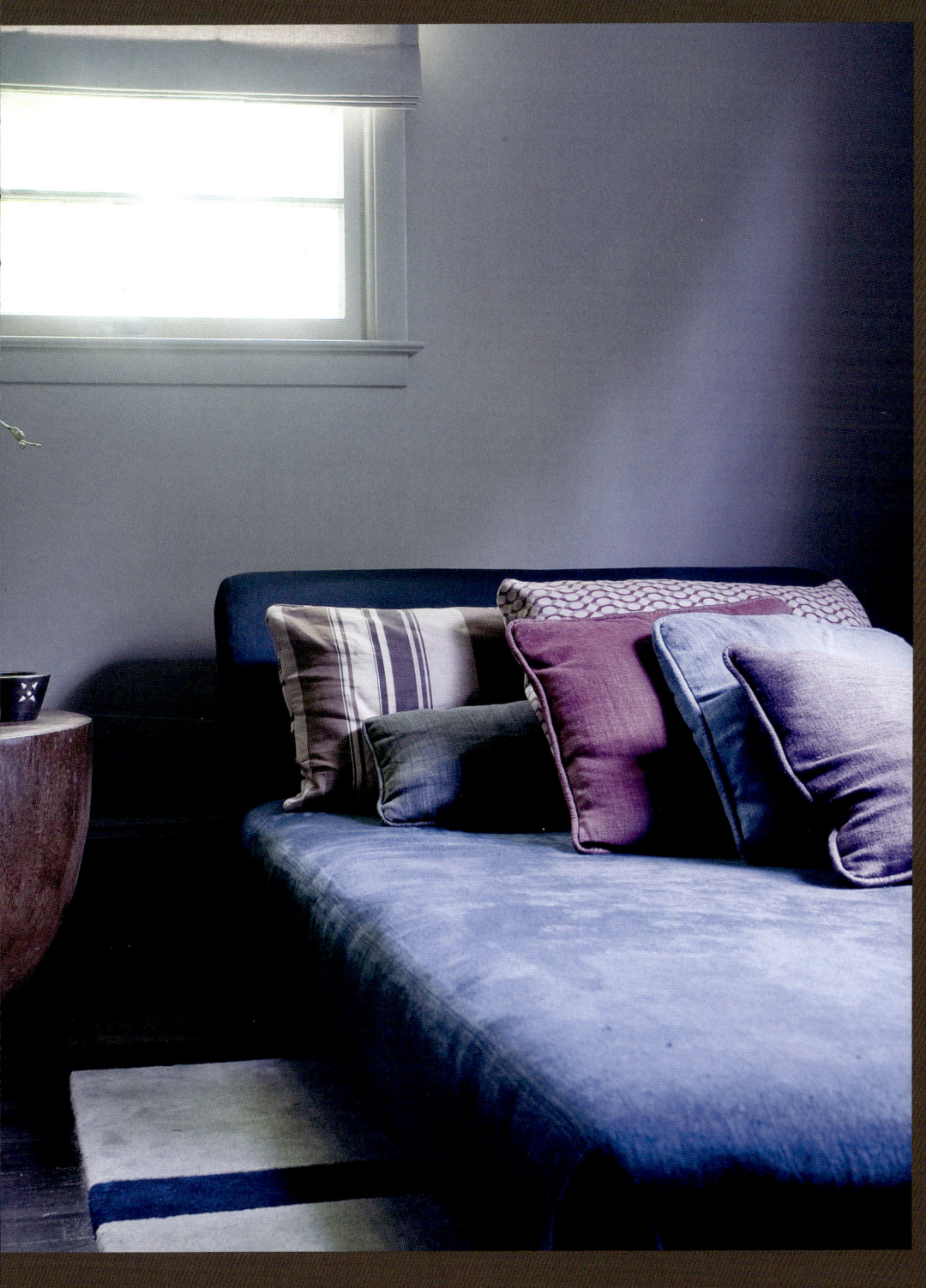

CM 01 coconut brown

CM 121 deep midnight

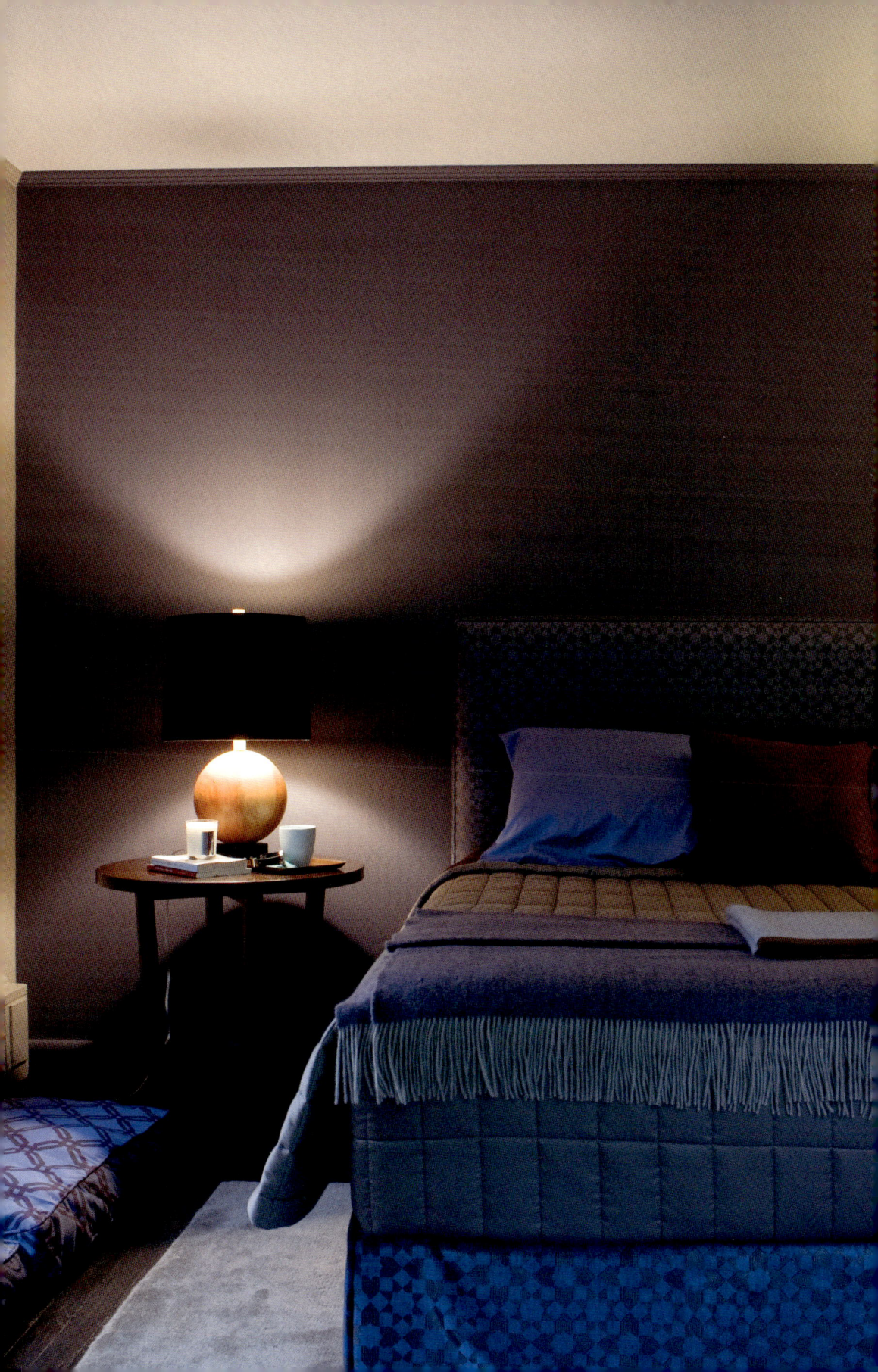

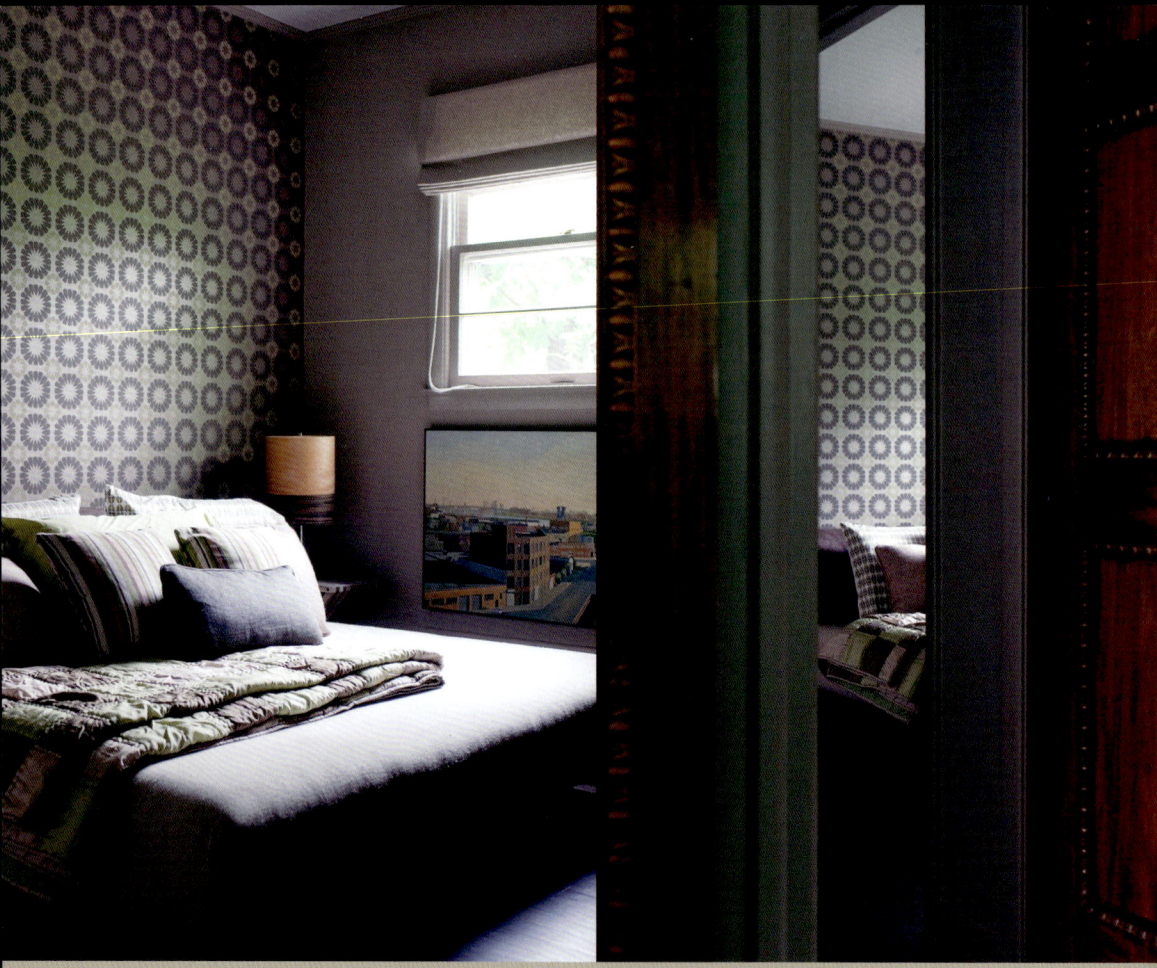

CM 113 beach sand

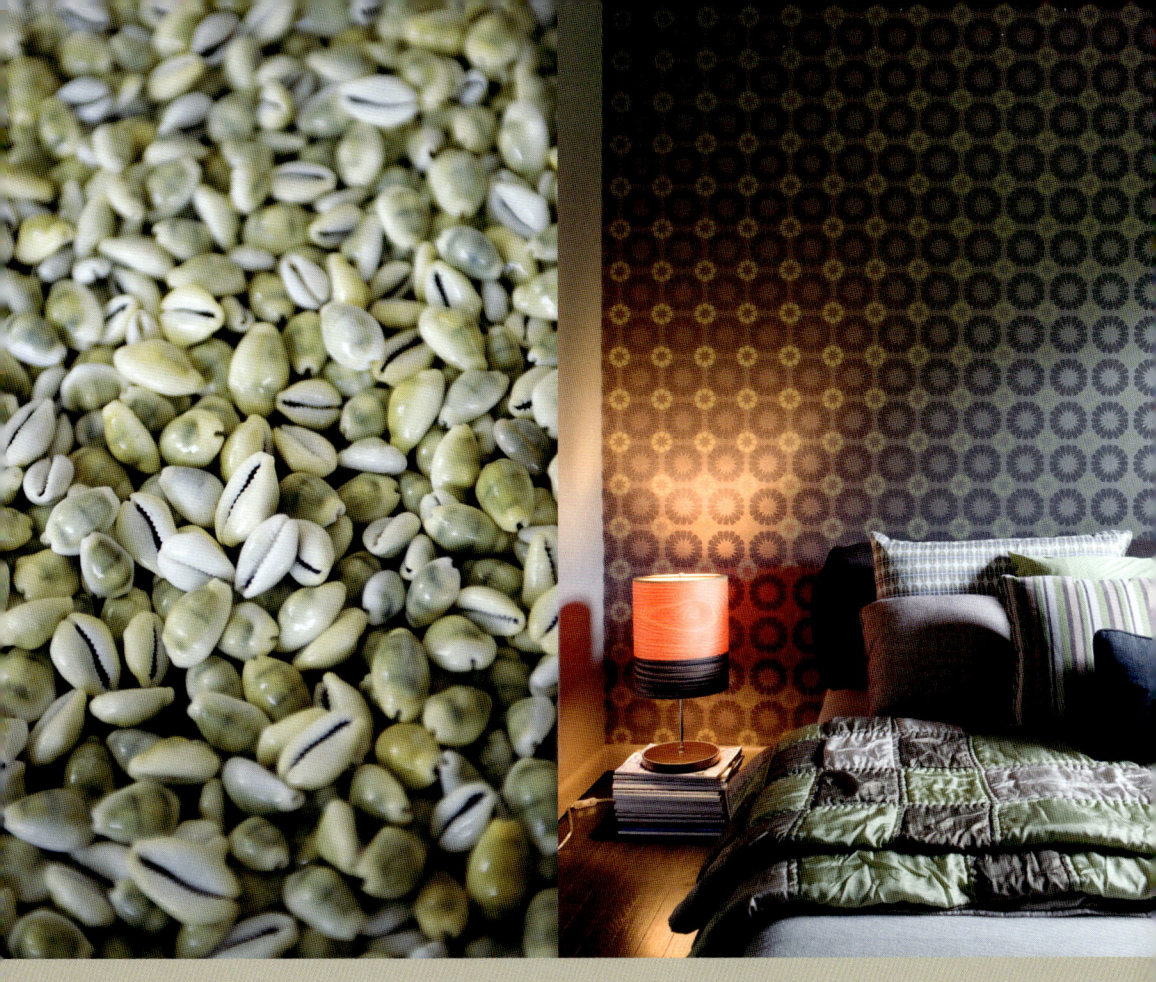

CM 113 beach sand

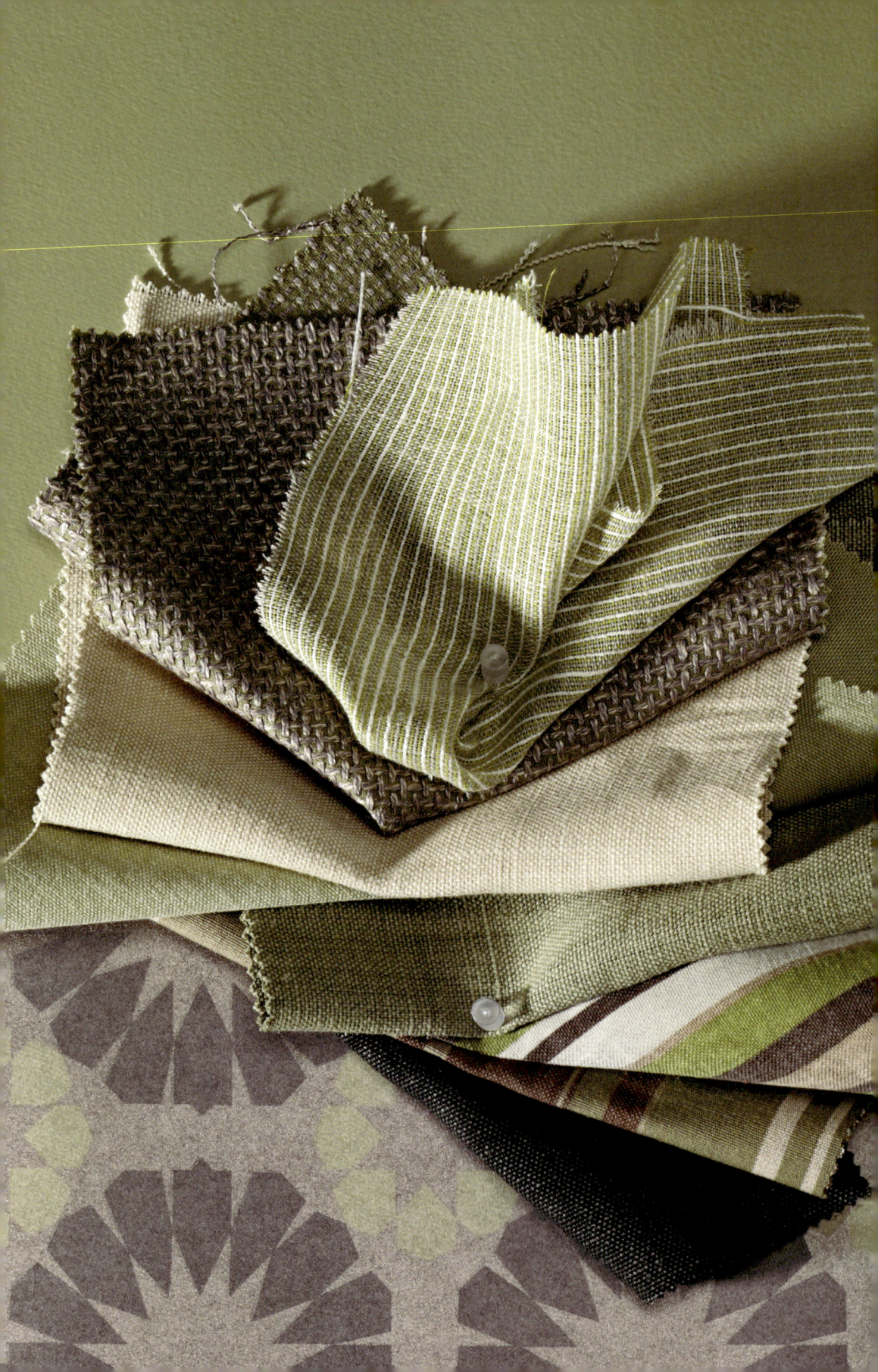

Het weelderige groen van East Hampton krijgt vorm in deze stoffen- en kleurenselectie. Subtiele transparantie, eigenzinnige structuren en doorleefd linnen brengen de natuur binnen en bepalen de look van de *loungy guestroom*.

Le vert luxuriant d'East Hampton inspire cette sélection de tissus et couleurs. Transparence subtile, structures originales et lin venu du passé font entrer la nature à l'intérieur et façonnent le look de la *loungy guestroom*.

The luxurious green of East Hampton inspired this selection of fabrics and colors. Subtle transparency, original structures and old style linen bring nature inside and shape the look of the *loungy guest room*.

Das strahlende Grün von East Hampton hat diese Stoff- und Farbauswahl inspiriert. Zarte Transparenz, ursprüngliche Strukturen und Leinenstoffe wie aus vergangenen Zeiten bringen die Natur in den Wohnraum und prägen den Look vom *loungy guestroom*.

CM 10 clay ground

CM 49 cafe chocolata

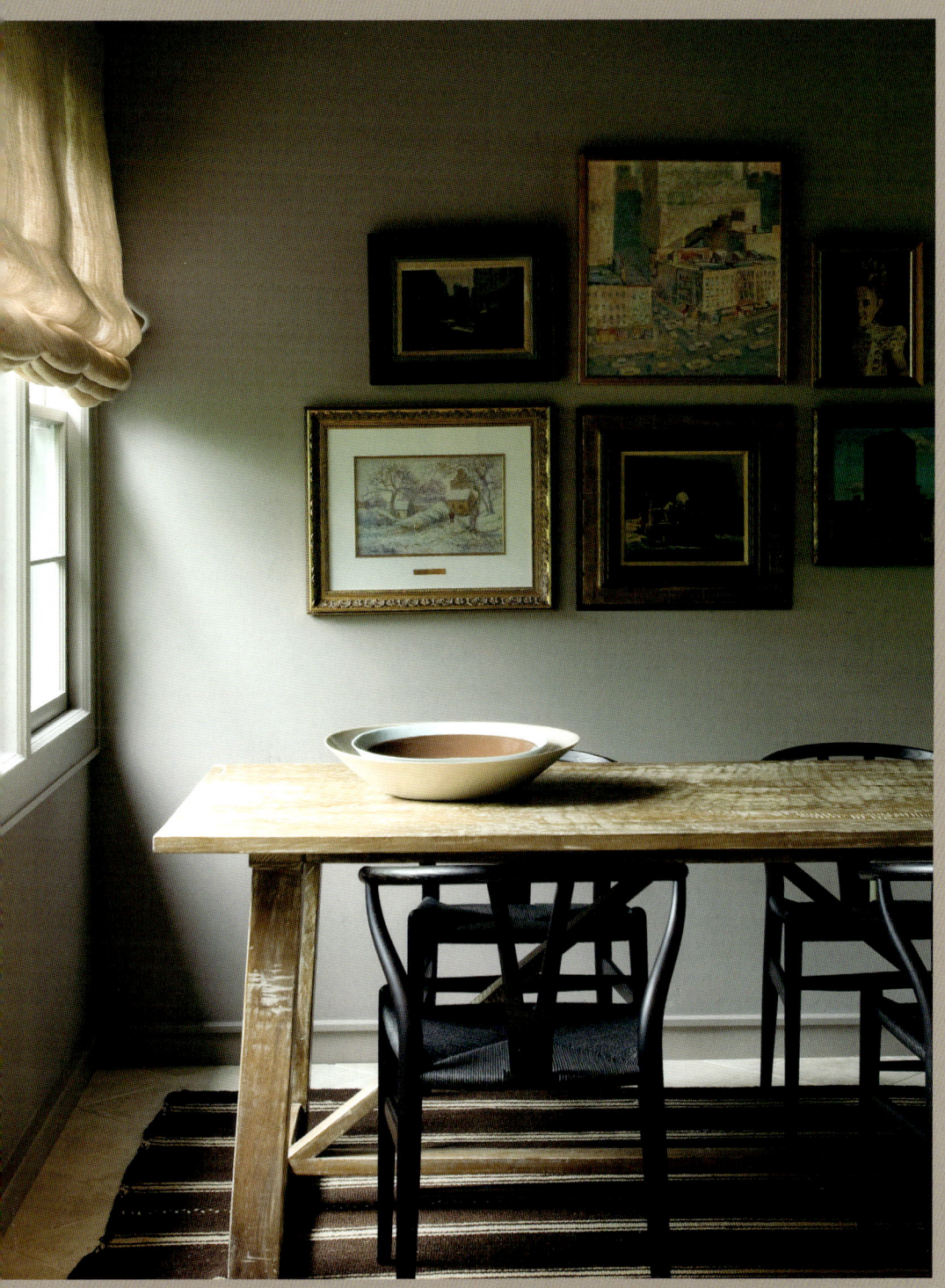

CM 48 cafe frappé

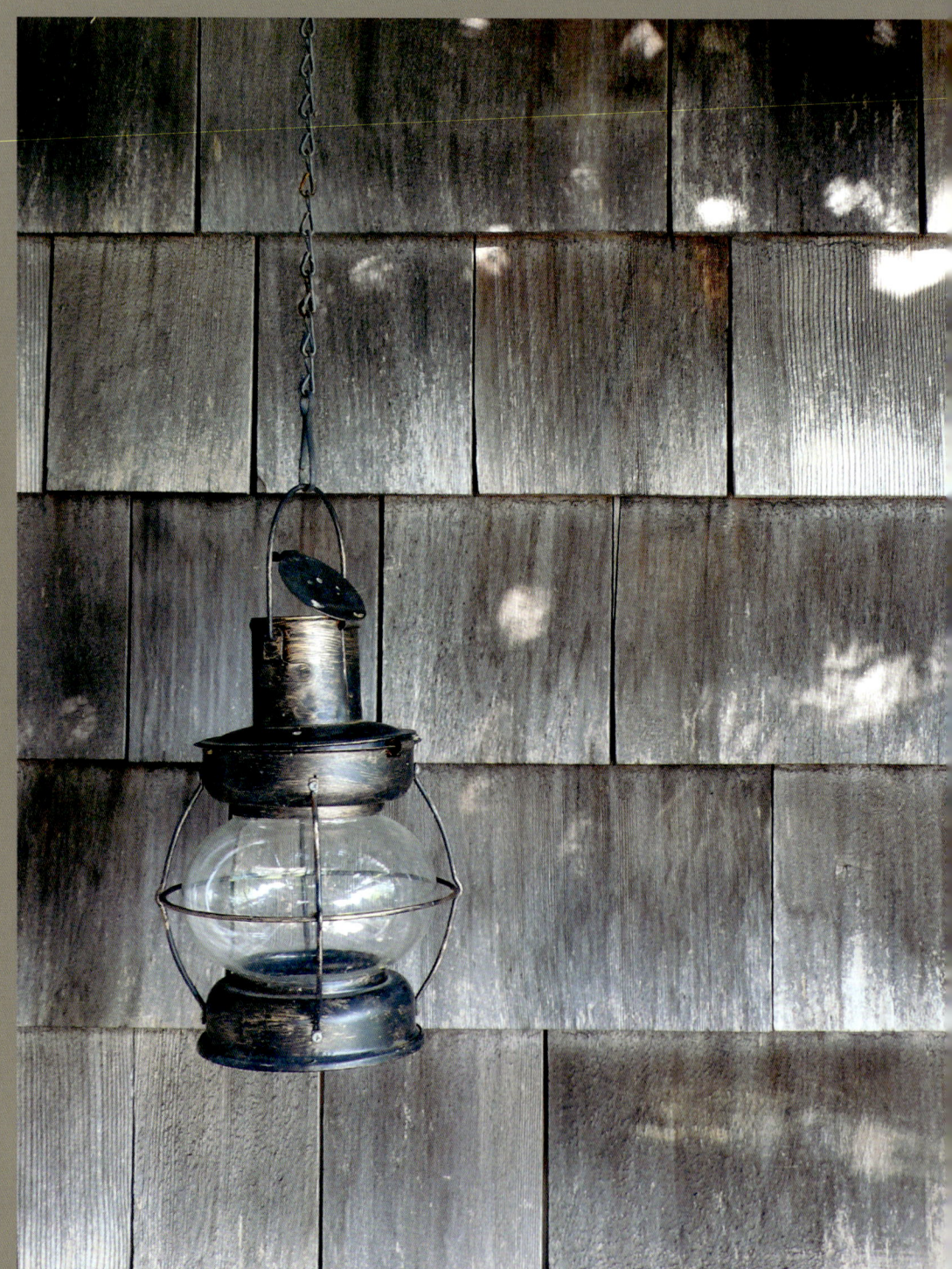

CM 63 havana cigar

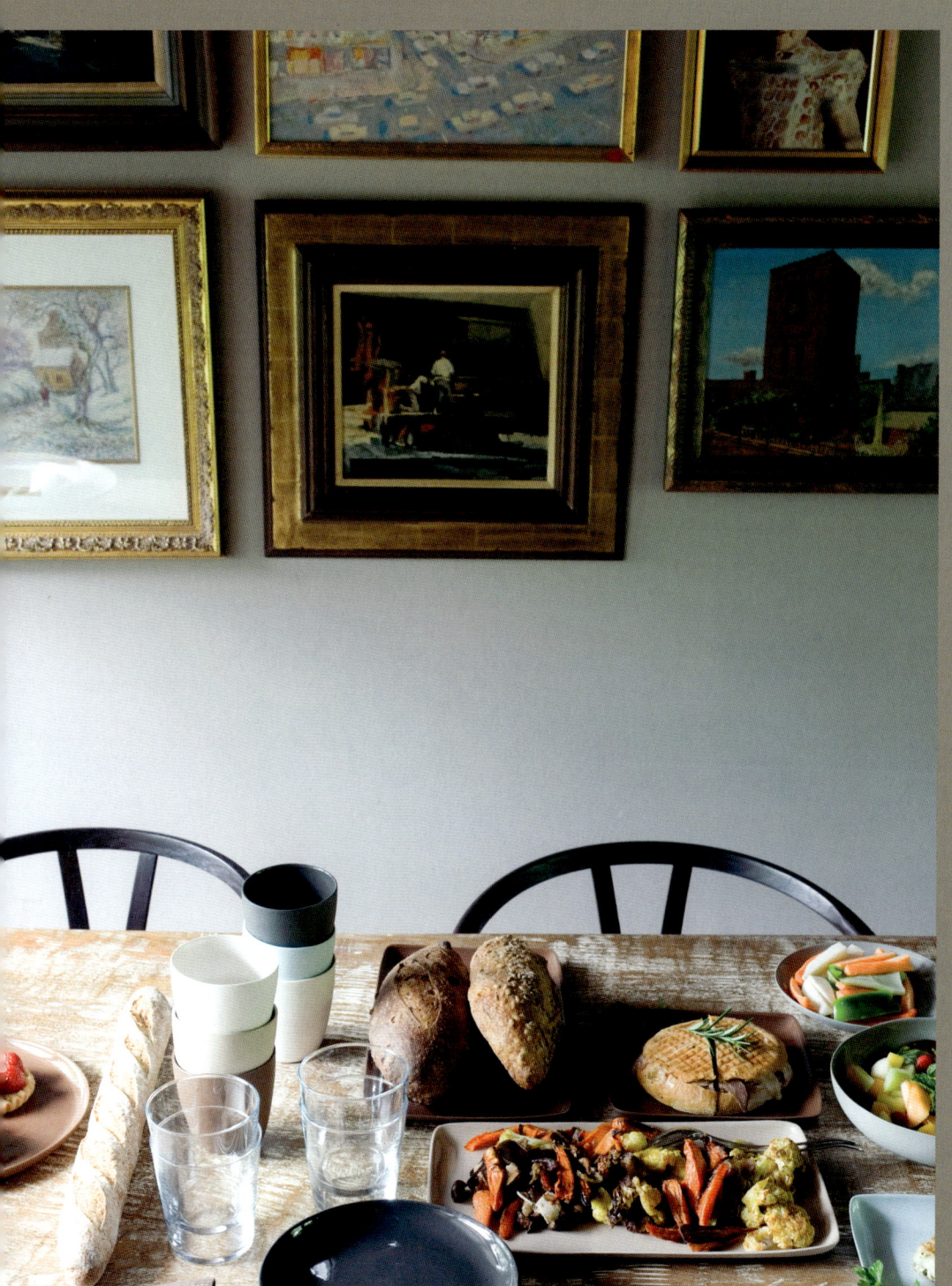

CM 63 havana cigar

CM 107 cabana shingle

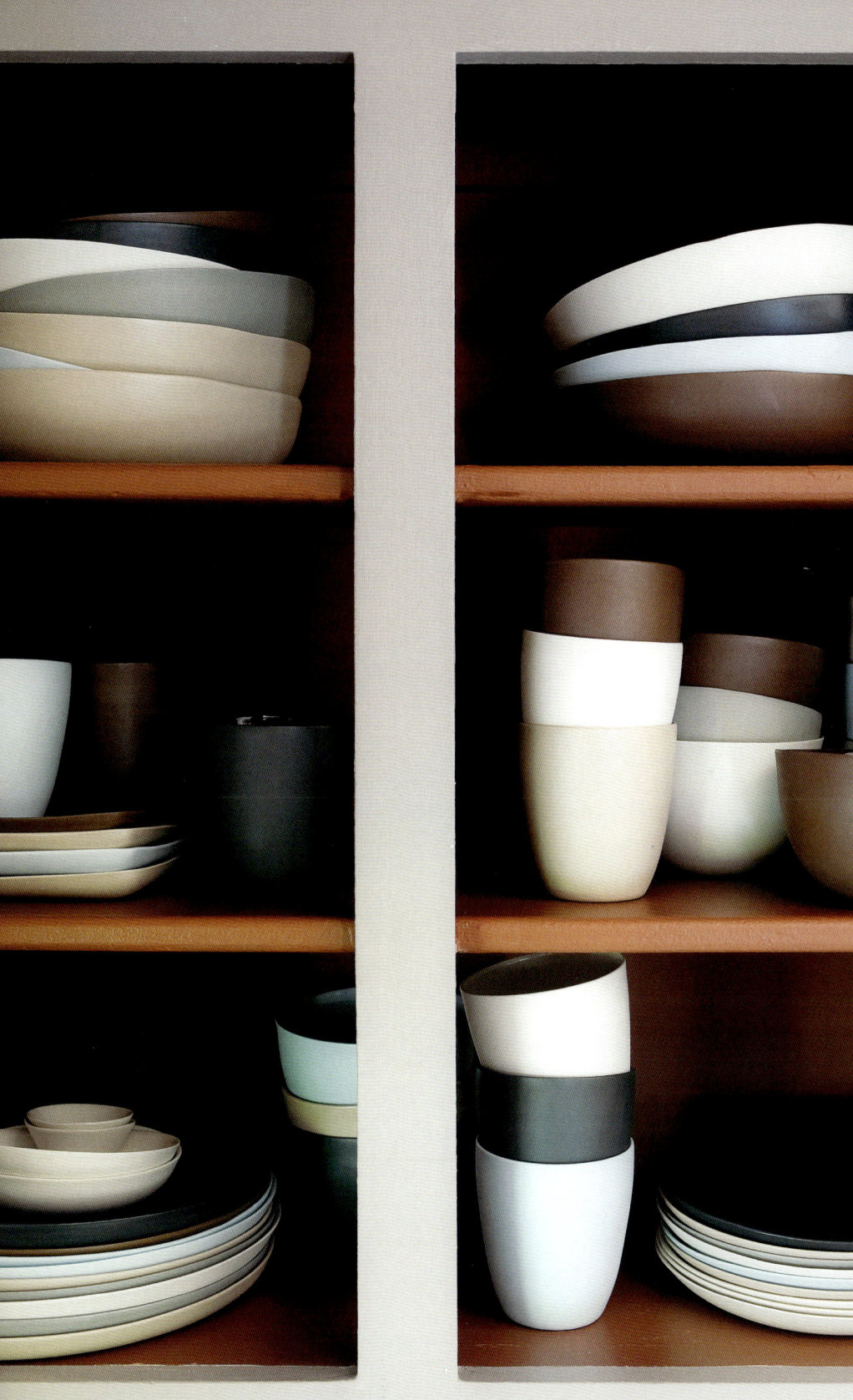

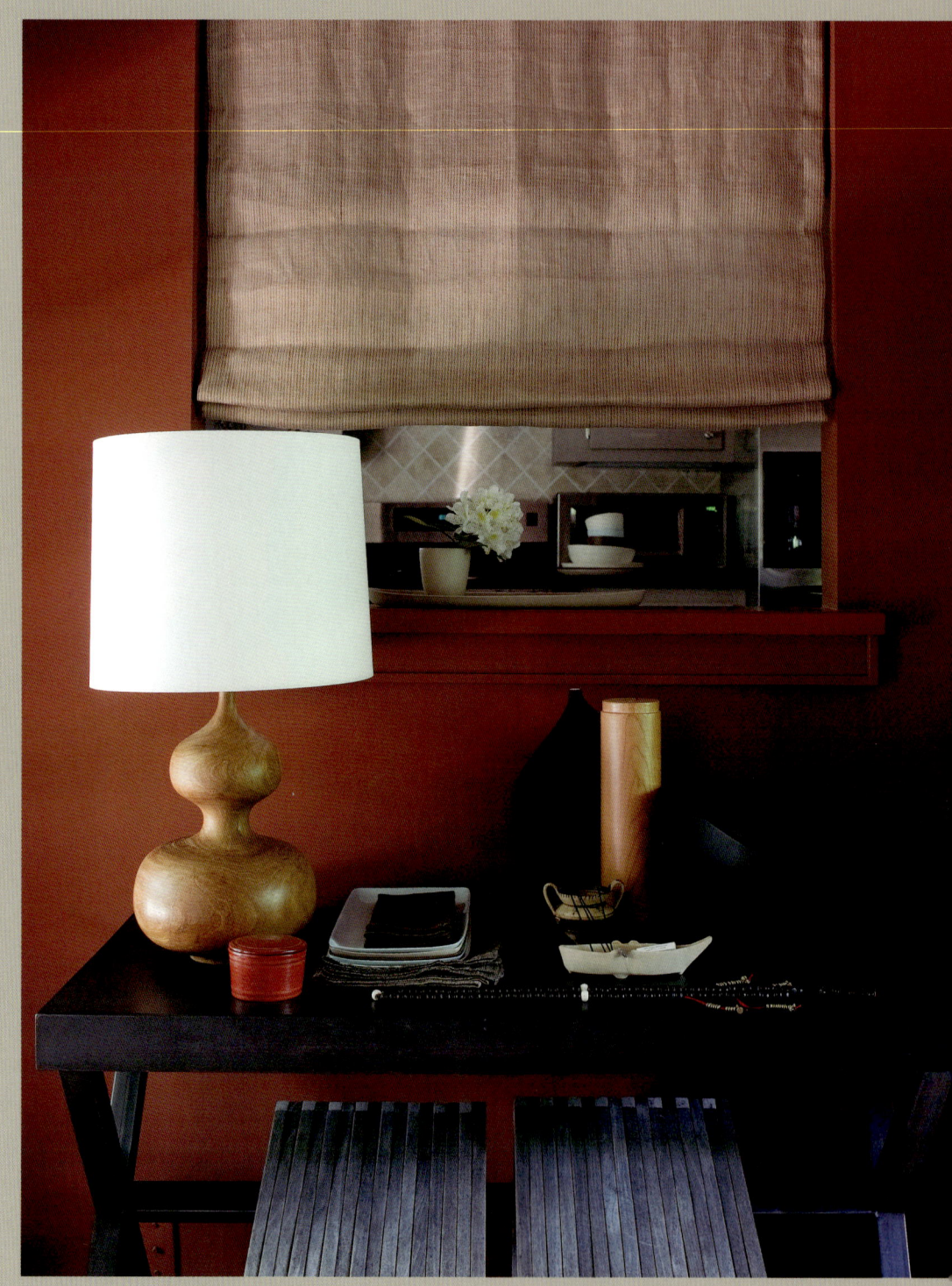

CM 112 fresh clay

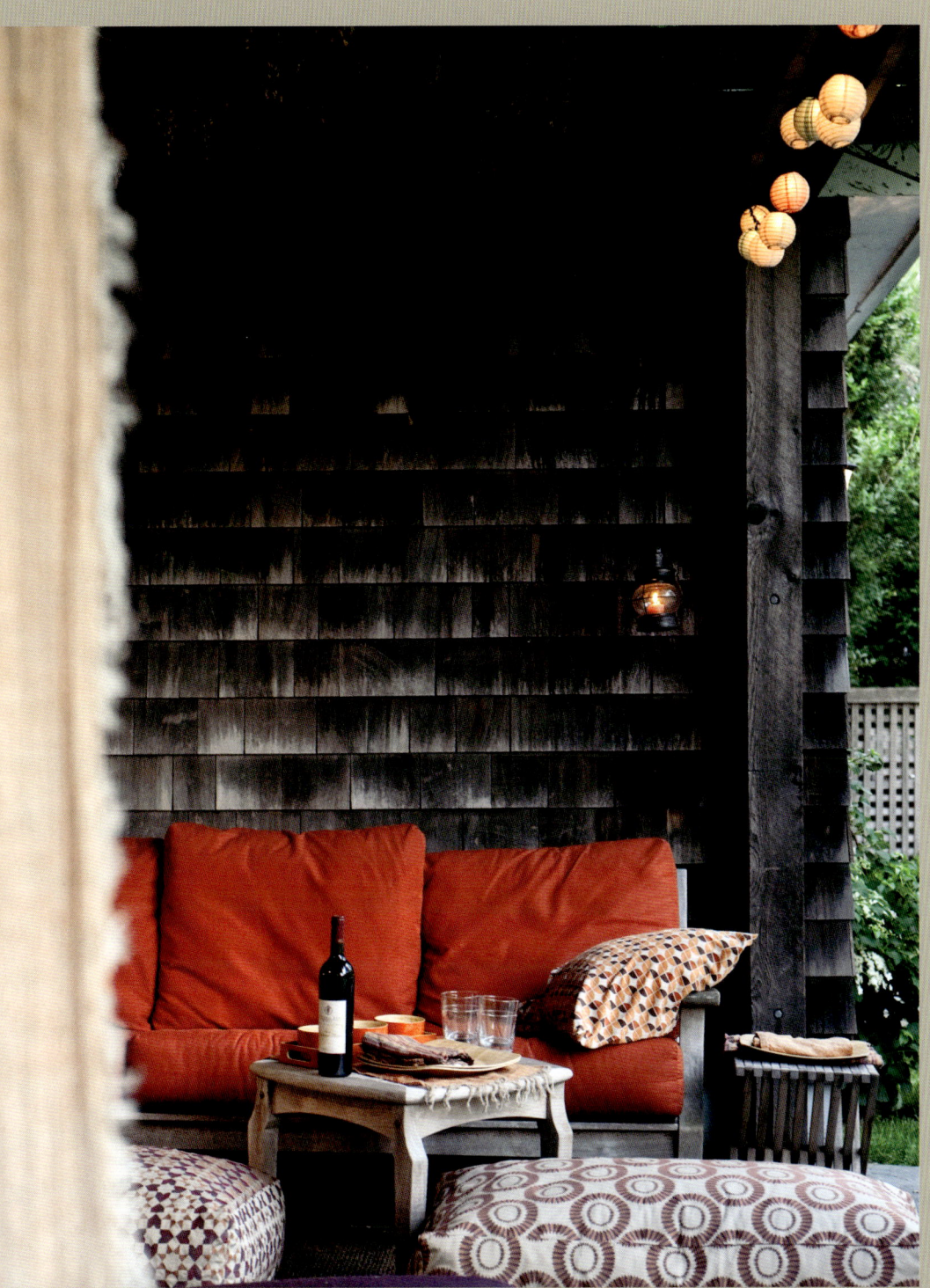

CM 112 fresh clay

CM 79 metal

New York City Oasis

New York mag dan bruisen als geen andere plek ter wereld, wie er lange tijd woont, wordt soms overdonderd door haar chaos, verpletterd door haar energie. Alsof de stad je onderuit wil halen. De eigenaar van dit appartement, een marketing manager, zocht een toevluchtsoord om de stress van zich af te spoelen, een veilige haven waar hij op kracht kan komen, om zich, eenmaal heropgeladen, opnieuw in de strijd te gooien. Chris Mestdagh antwoordde met een serene appartementsuite, een oase van rust midden in het oog van de storm. Pal in het centrum van New York City, hoog en droog boven *the everyday hustle*, kan deze manager zich voortaan van de stad afsluiten zonder haar uit het oog te verliezen.

New York bouillonne comme nul autre endroit au monde, mais celui qui y vit un long moment est souvent abasourdi par son chaos et son énergie. Comme si la ville voulait avoir le dernier mot. Le propriétaire des lieux, un responsable en marketing, cherchait un refuge pour se protéger du stress, un havre sécurisant où recharger 'ses batteries' avant de se replonger dans la fourmilière. Chris Mestdagh conçut l'appartement en enfilade comme un oasis de paix au cœur de la tempête. Juste au centre de New York City, à l'abri surplombant *the everyday hustle*, ce manager peut se retrancher de la ville sans la perdre de vue.

New York bustles like no other place in the world, but those who live there for a long time often become dazed by its chaos and energy; as if the city wants to take you down. The owner of the premises, a marketing manager, wanted a refuge to protect him from stress, a safe harbor in which to recharge 'his batteries' before diving back into the hive of activity. Chris Mestdagh designed the apartment as an oasis of peace and serenity in the eye of the storm. Right in the center of New York City, under the eaves of *the everyday hustle*, this manager can get away from the city without losing sight of it.

New York ist aufregend wie kein anderer Ort auf der Welt. Aber wenn man dort lange Zeit wohnt, kann man vom ihrem Chaos und Treiben betäubt werden. Als möchte die Stadt dich umsäbeln. Der Besitzer dieser Räumlichkeiten, ein Marketingleiter, suchte einen Rückzugsort vom Alltagsstress, einen beruhigenden Hafen, wo man zu Kräften kommt, bevor man sich wieder in den wimmelnden Ameisenhaufen stürzt.
Chris Mestdagh machte aus diesem Appartement eine friedliche Oase inmitten des Sturms. Mitten im Zentrum von New York City, vor dem *everyday hustle* geschützt, kann sich dieser Manager von der Stadt zurückziehen, ohne sie aus den Augen zu verlieren.

CM 52 summer sun

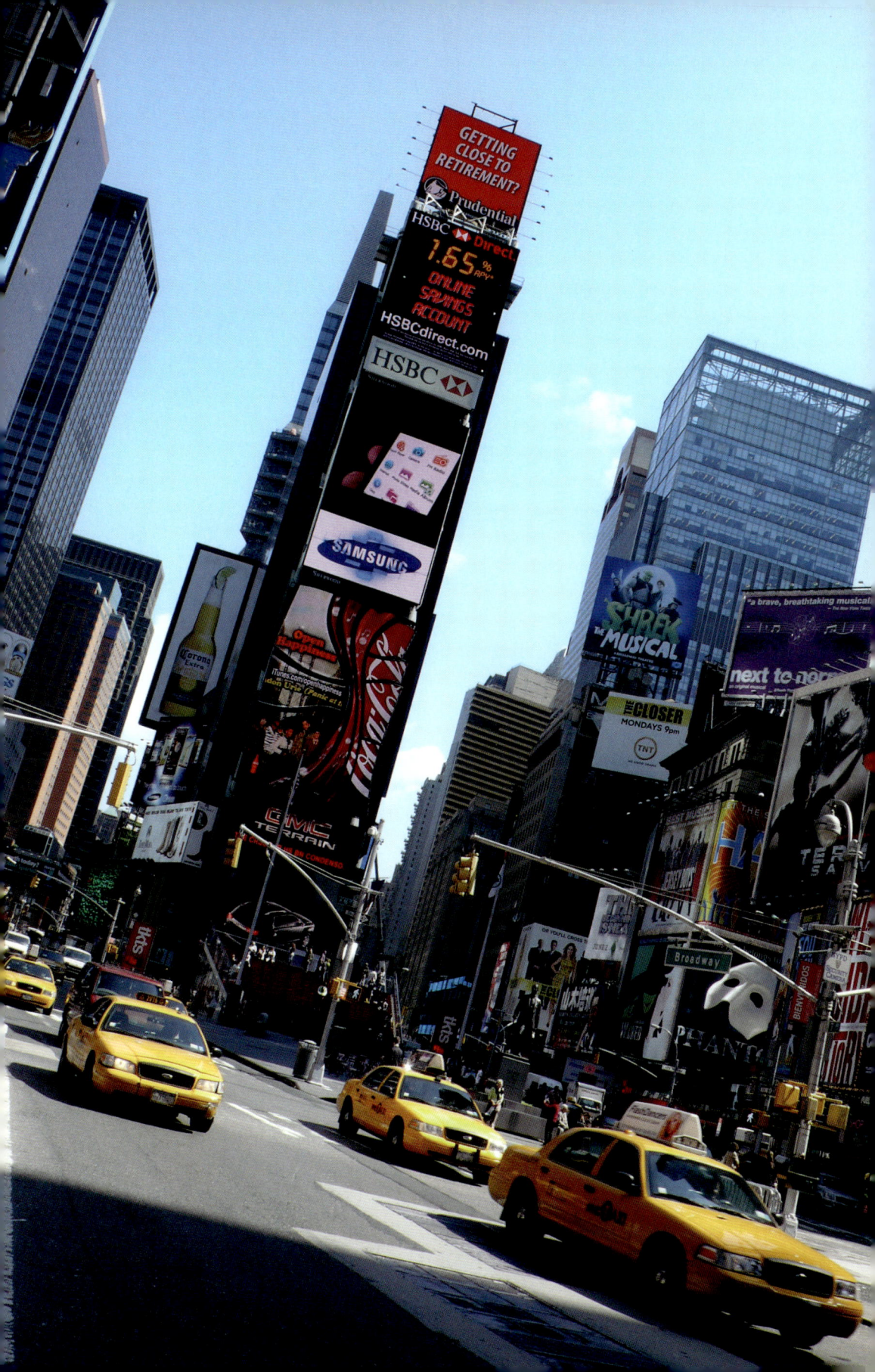

CM 09 natural linen

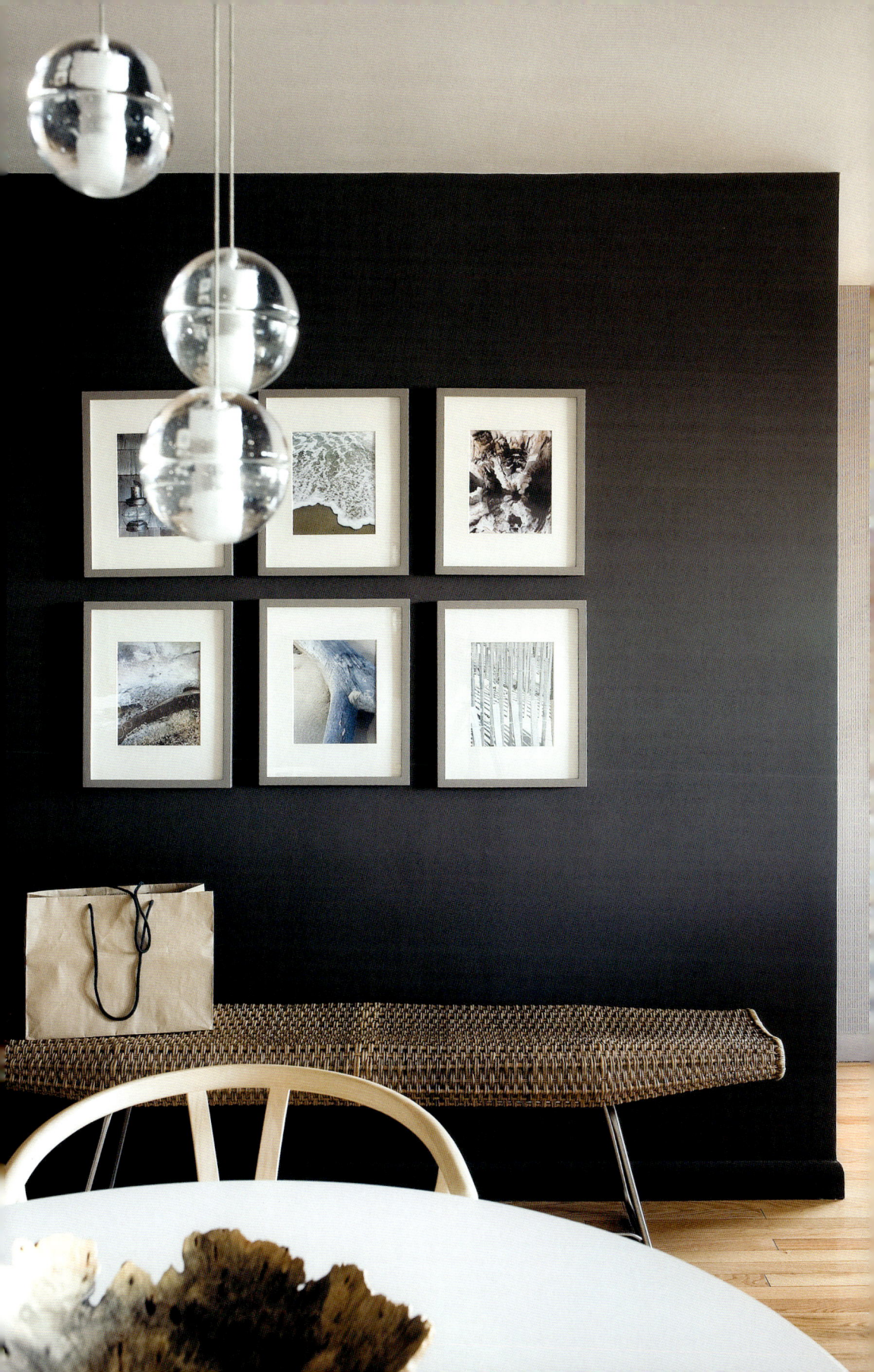

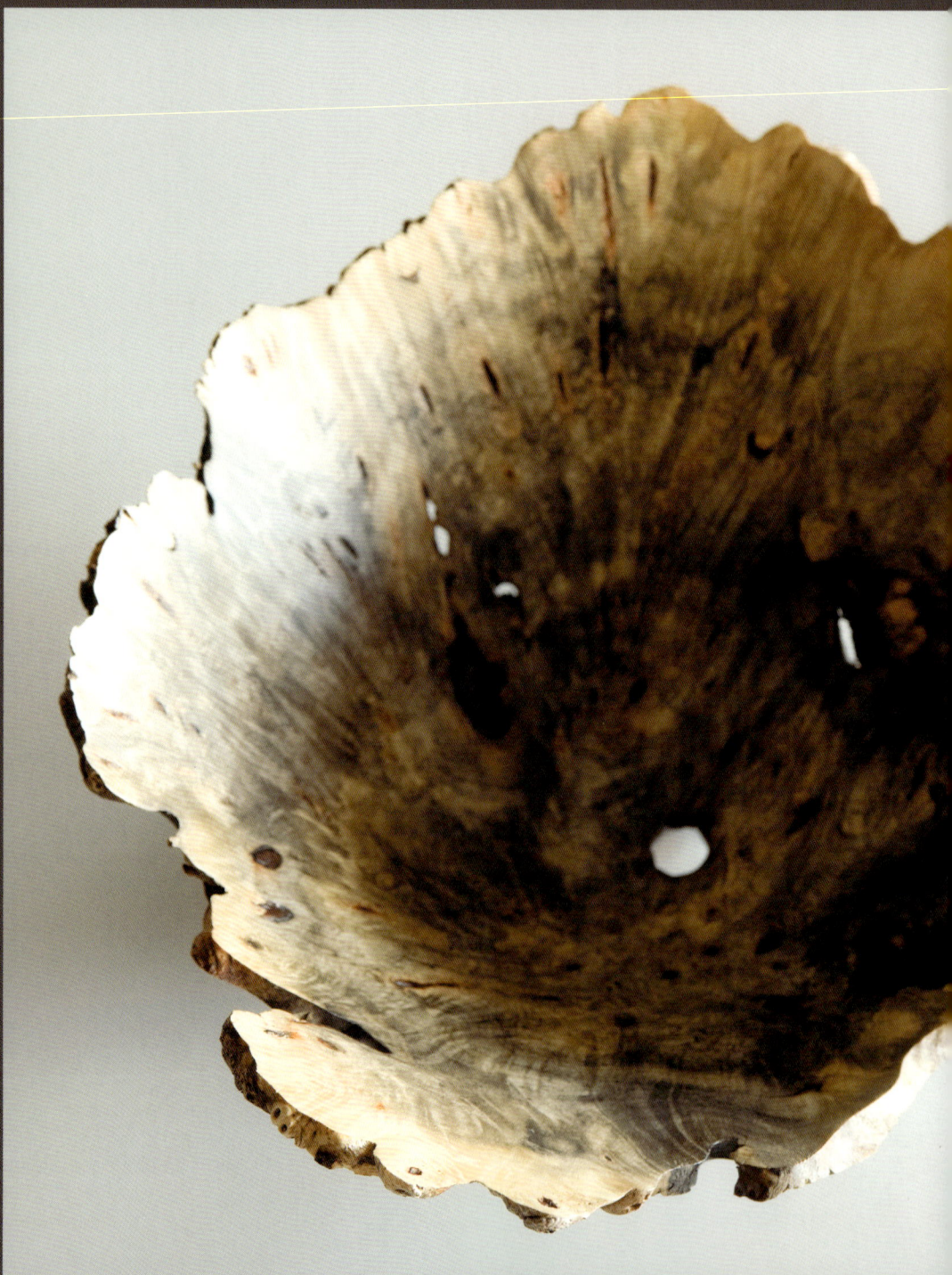

CM 87 black trufle

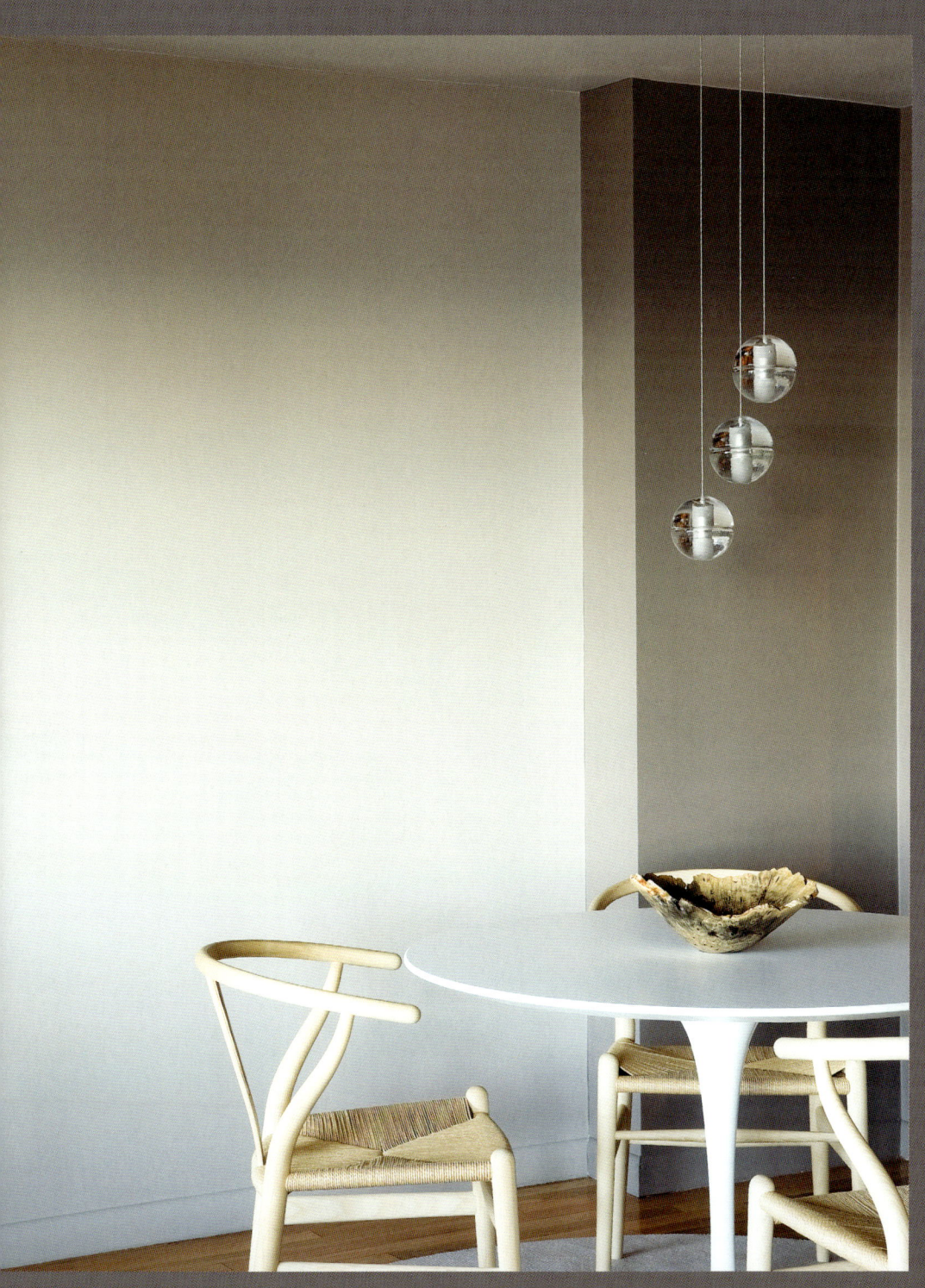

CM 10 clay ground

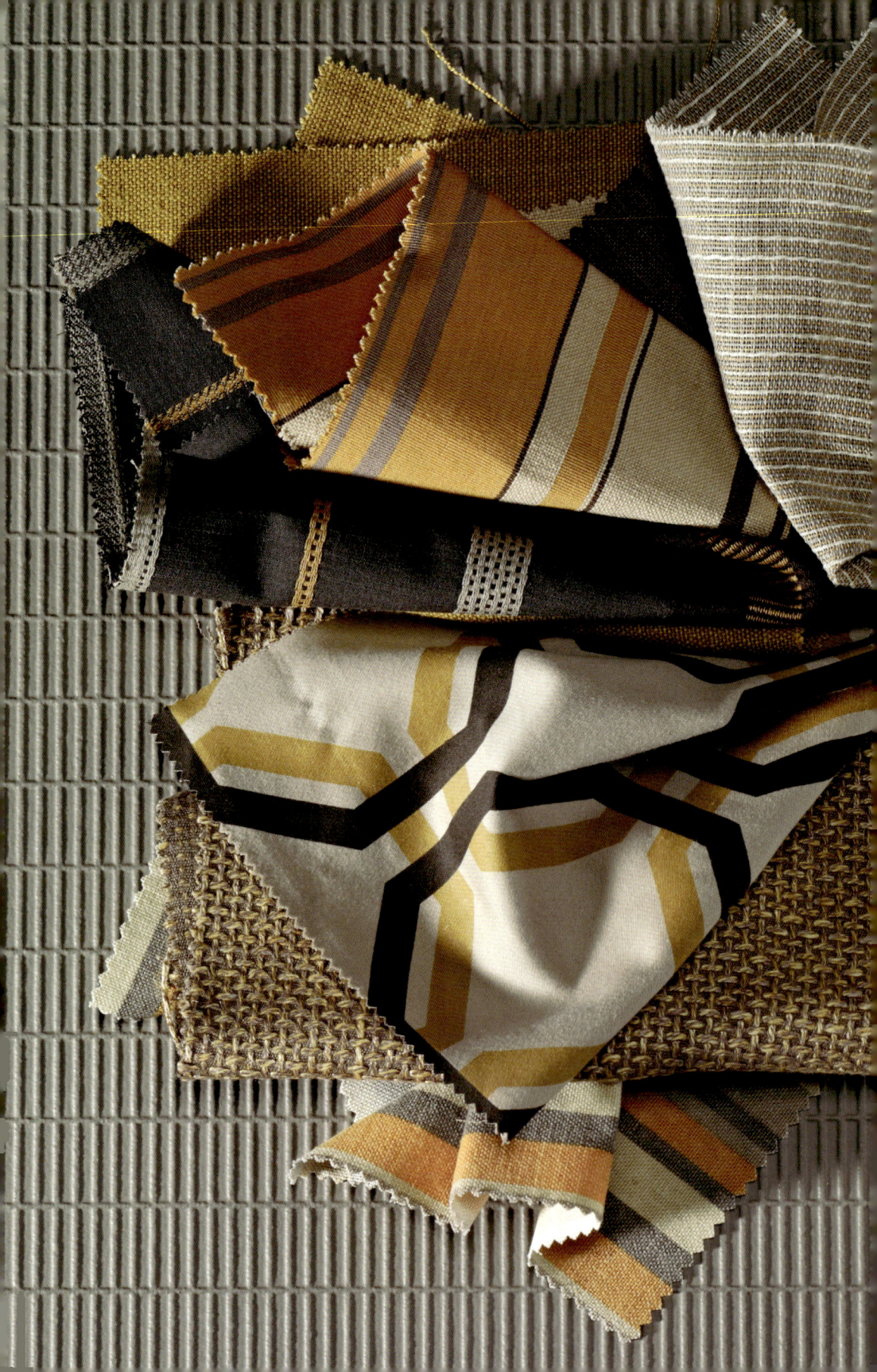

Het razende New Yorkse taxigeel dat de stad domineert, weet het kersenhout van de dressing, keuken en vloeren te counteren. Het neutrale reliëfbehang 'New York', geïnspireerd op het stratenplan van de stad, wordt gecombineerd met een stoffenmix van strepen, structuren en motieven, uitgevoerd in linnen en katoenzijde. Deze gedurfde melange siert gordijnen, zetels, beddengoed en kussens.

Le jaune vif des taxis new-yorkais qui habille la ville, contraste avec le bois de cerisier du dressing, de la cuisine et des sols. Le papier peint en relief neutre 'New York', inspiré de plans de rues de la ville, se fond avec un mélange de tissus lignés, avec structures et motifs, composés en lin et soie de coton. Ce mélange audacieux se décline aux rideaux, sièges, literies et coussins.

The vibrant yellow of New York taxis that dresses the city, contrasts with the cherry wood in the dressing room, the kitchen and the floors. The neutral 'New York' embossed wallpaper, inspired by the city's street map, blends with a mixture of fabrics, with stripes, patterns and structures, composed of linen and cotton fabric. This audacious mixture extends to the drapes, seats, bedding and cushions.

Das Gelb der New Yorker Taxis, das die Stadt umhüllt, kontrastiert mit dem Kirschbaumholz des Ankleideraums, der Küche und der Fußböden. Die neutrale Relieftapete 'New York' inspiriert sich an den Straßenplänen der Stadt und verschmilzt mit verschiedensten Stoffen mit Streifen, Strukturen und Motiven, die aus Leinen und Baumwollseide bestehen. Diese gewagte Mischung wird auch bei den Vorhängen, Sitzflächen, Kissen und der Bettwäsche verwendet.

CM 40 harvest orange

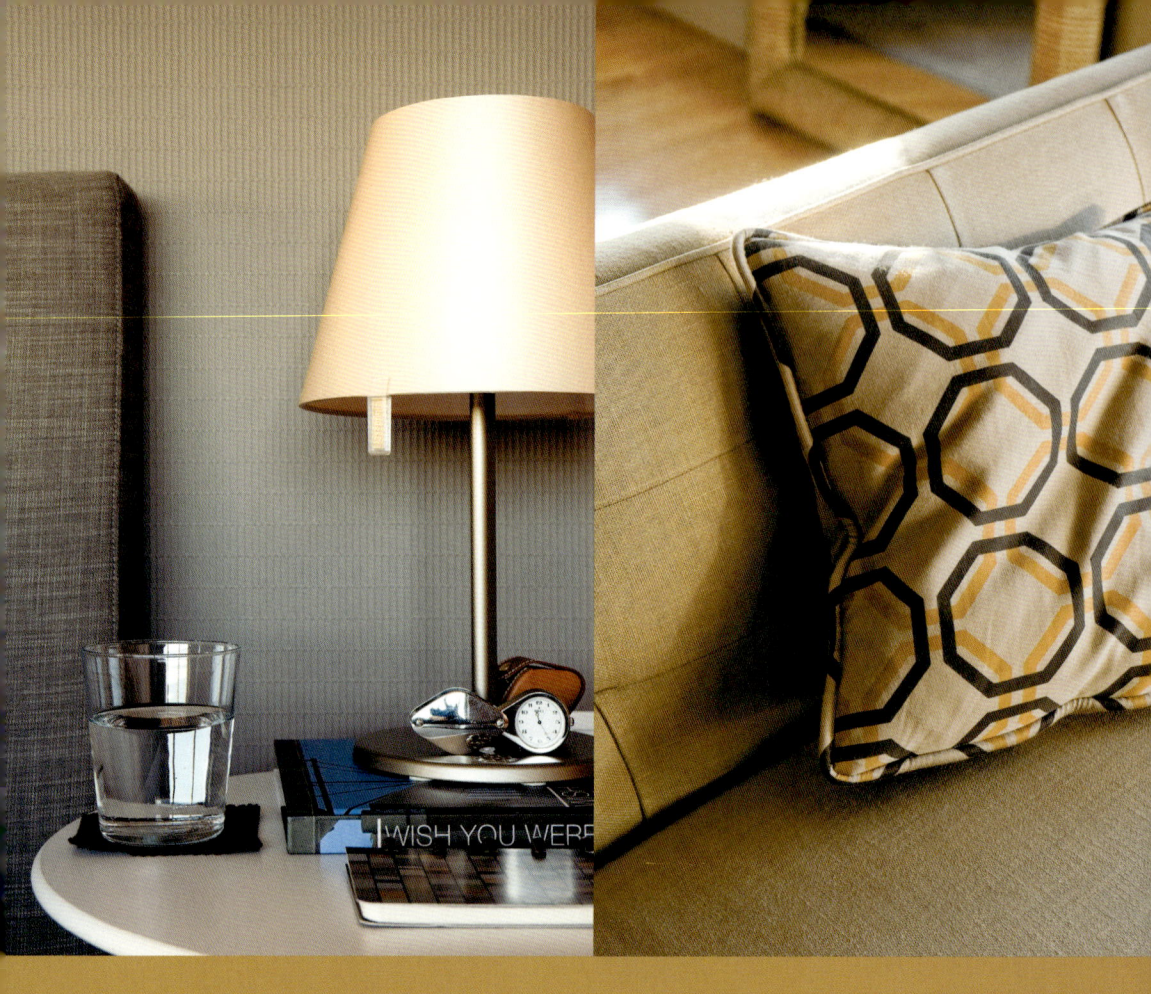

CM 62 thai curry

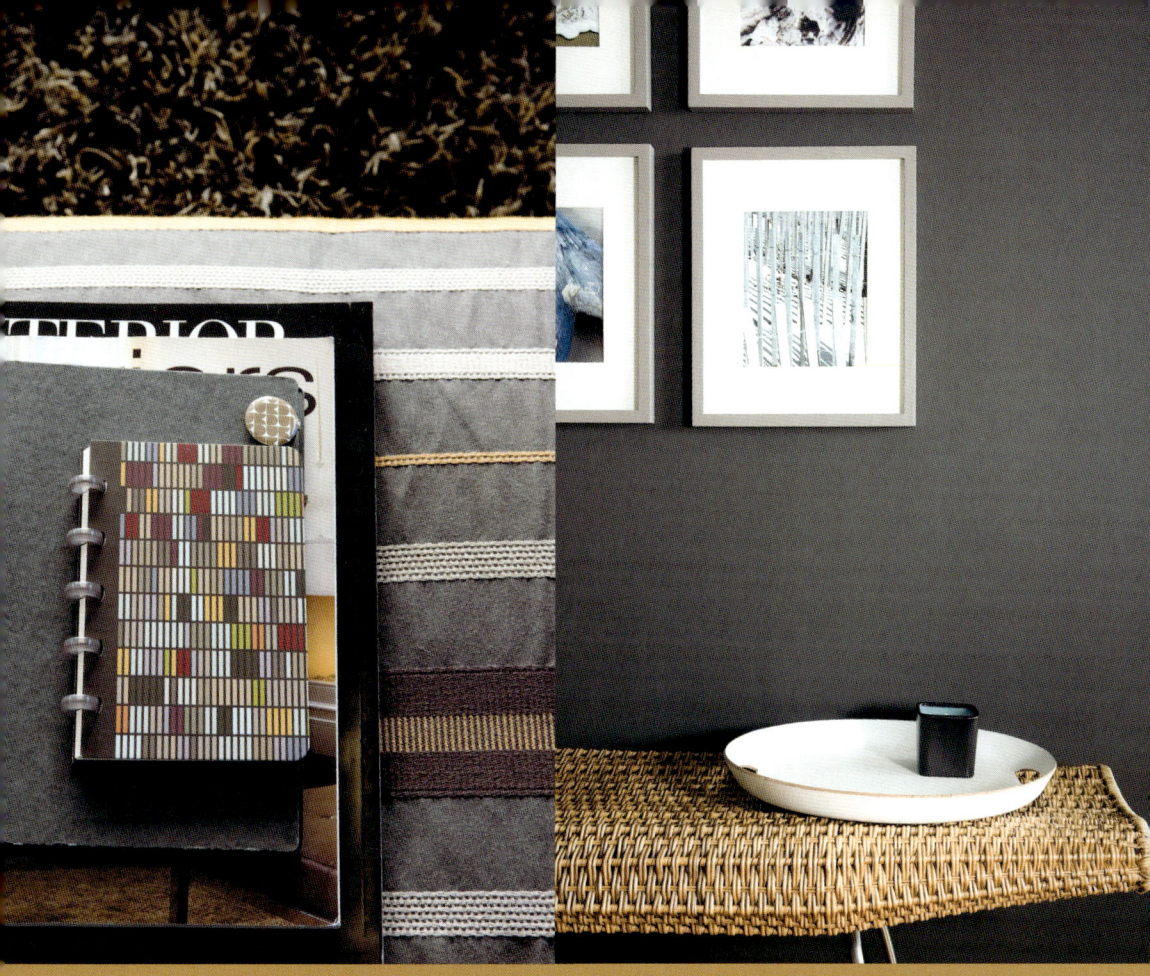

CM 62 thai curry

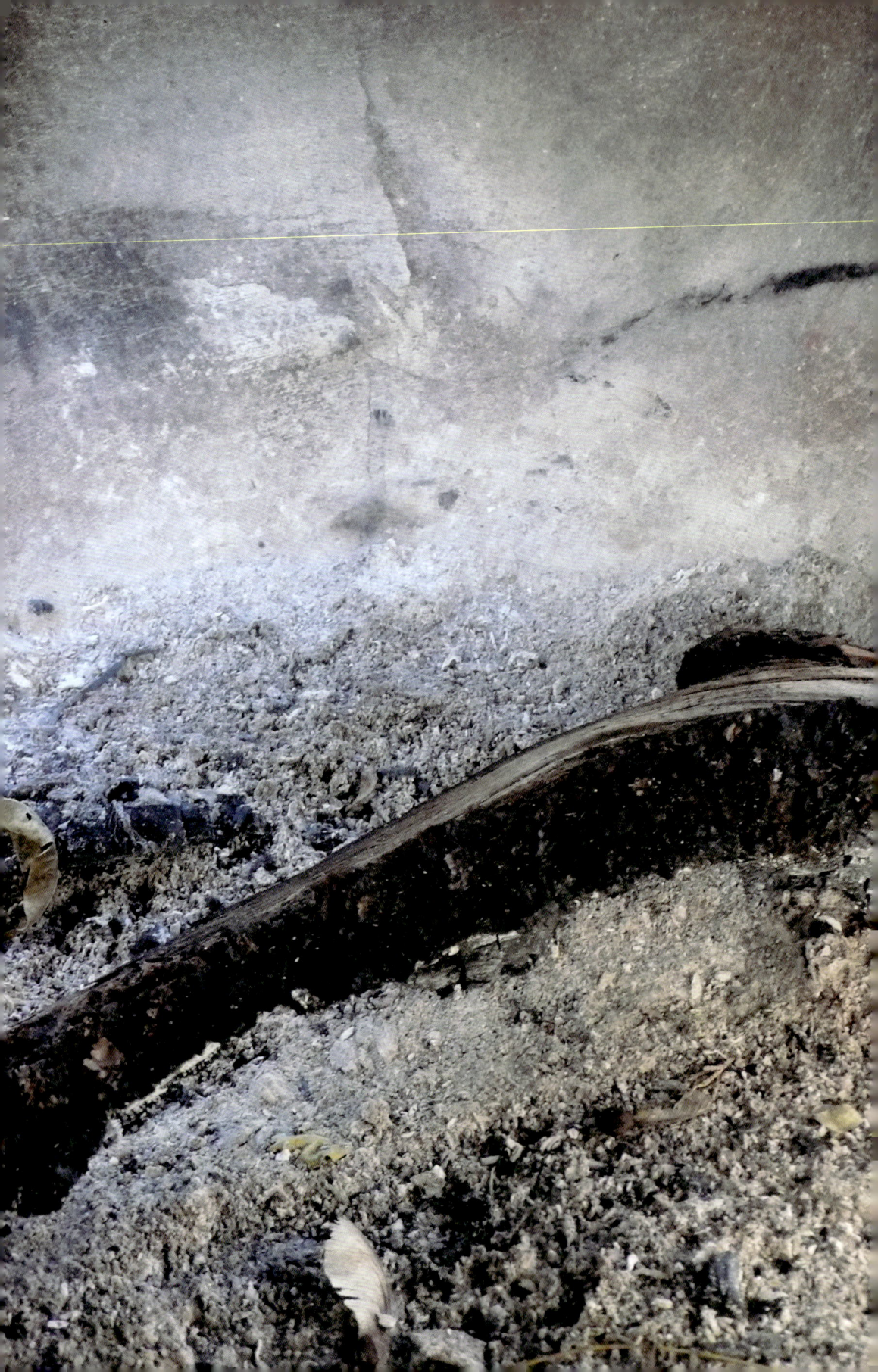

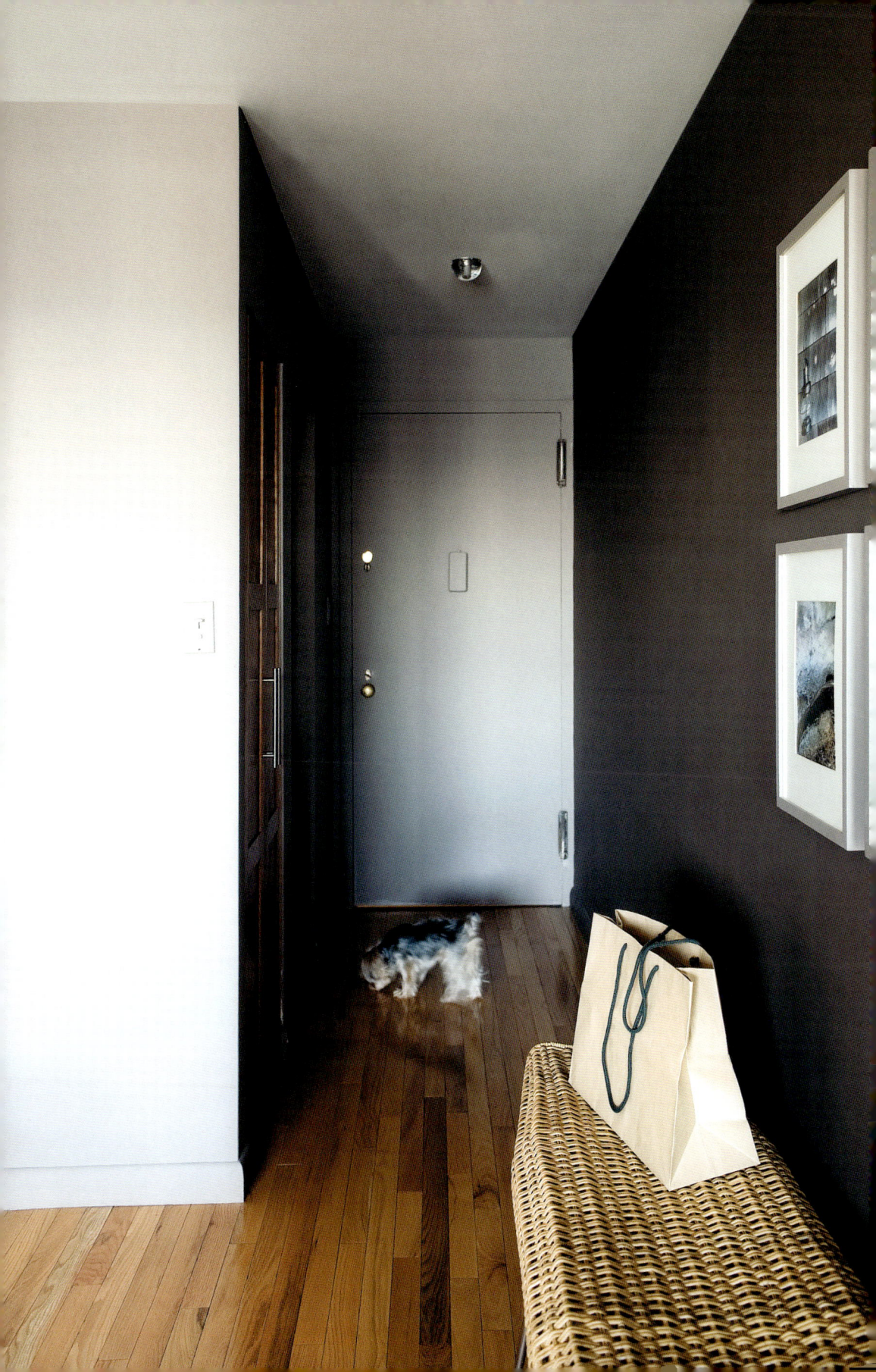

CM 39 burned sienna

CM 65 sahara sand

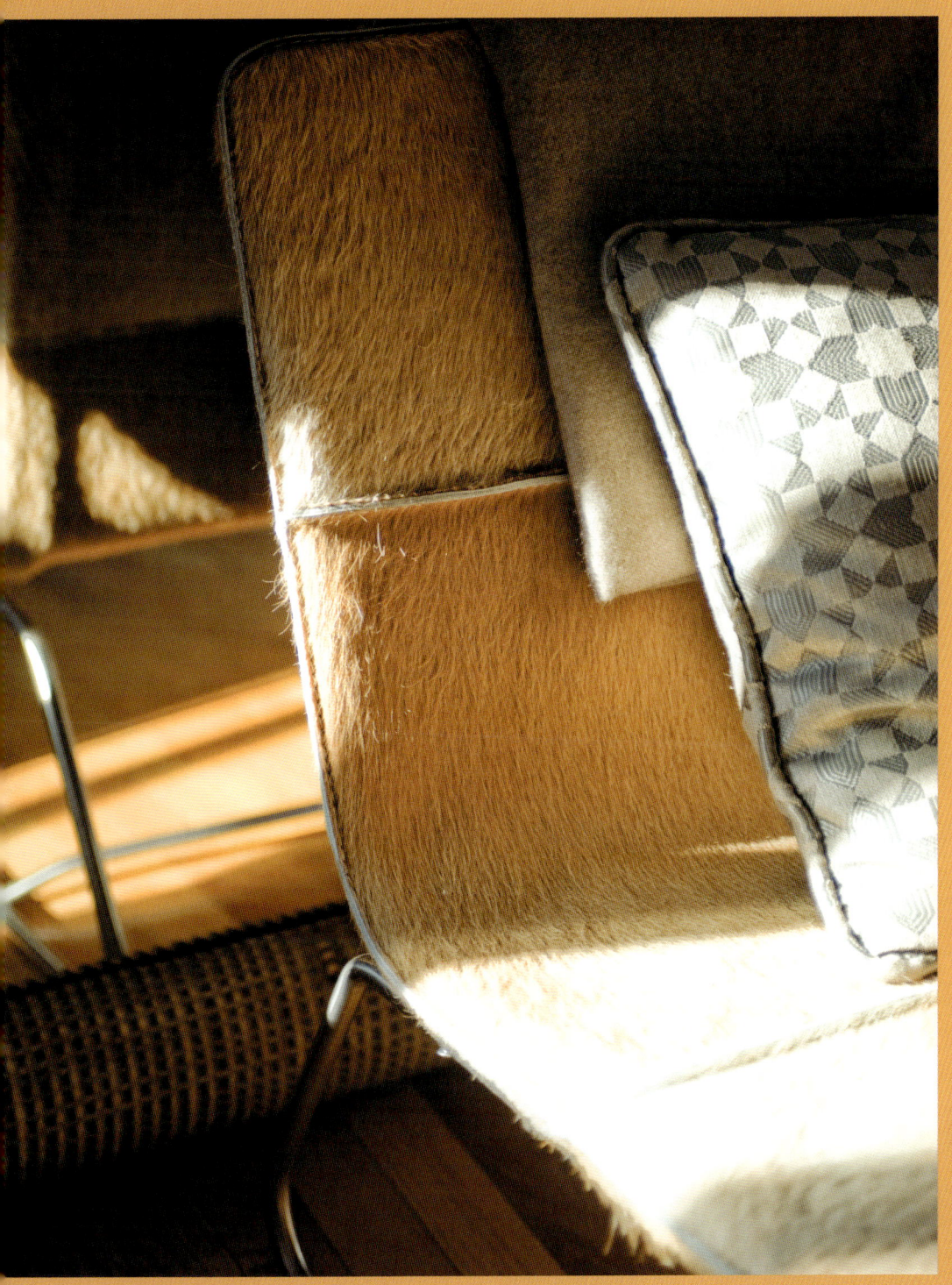

CM 40 harvest orange

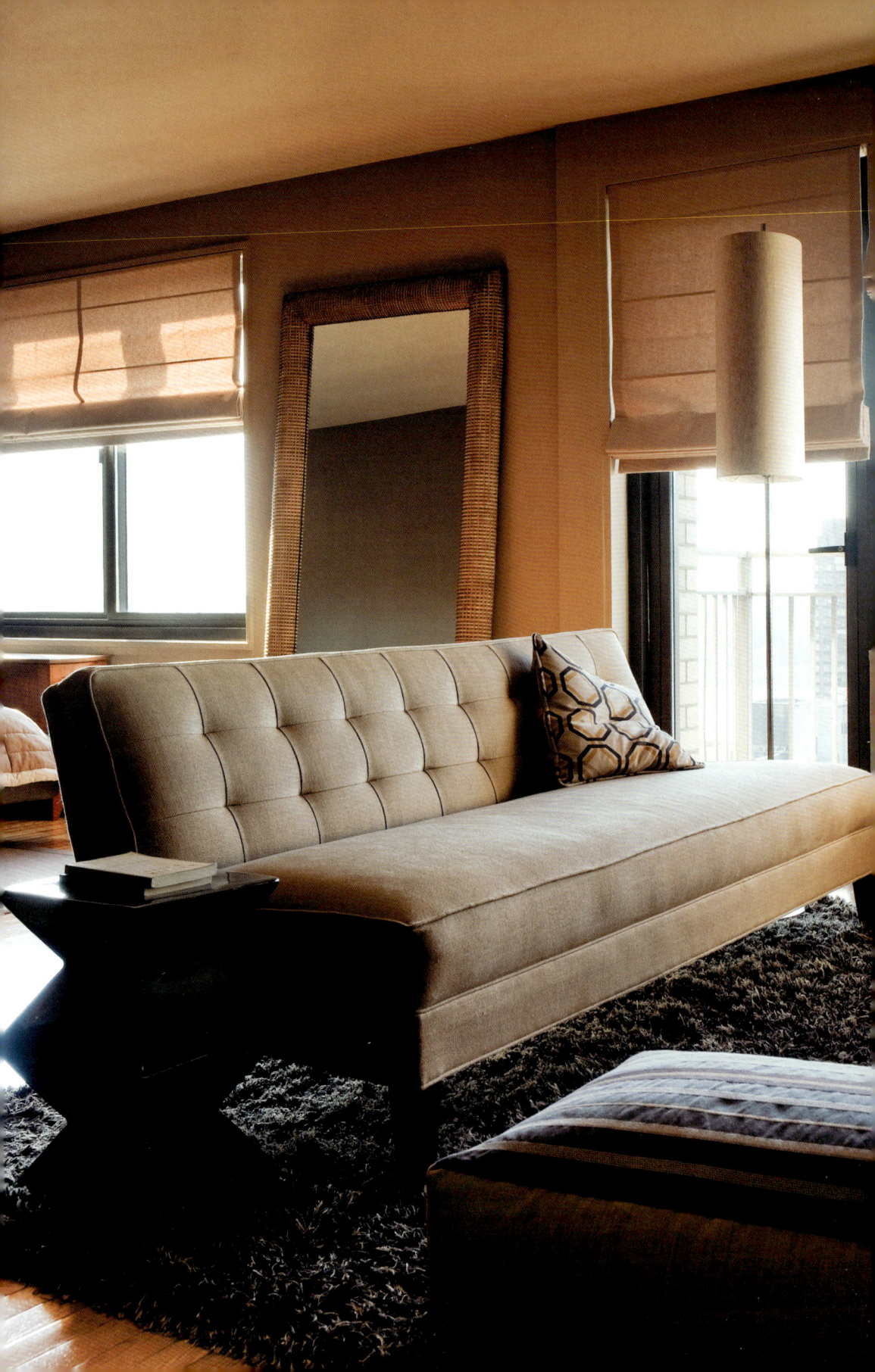

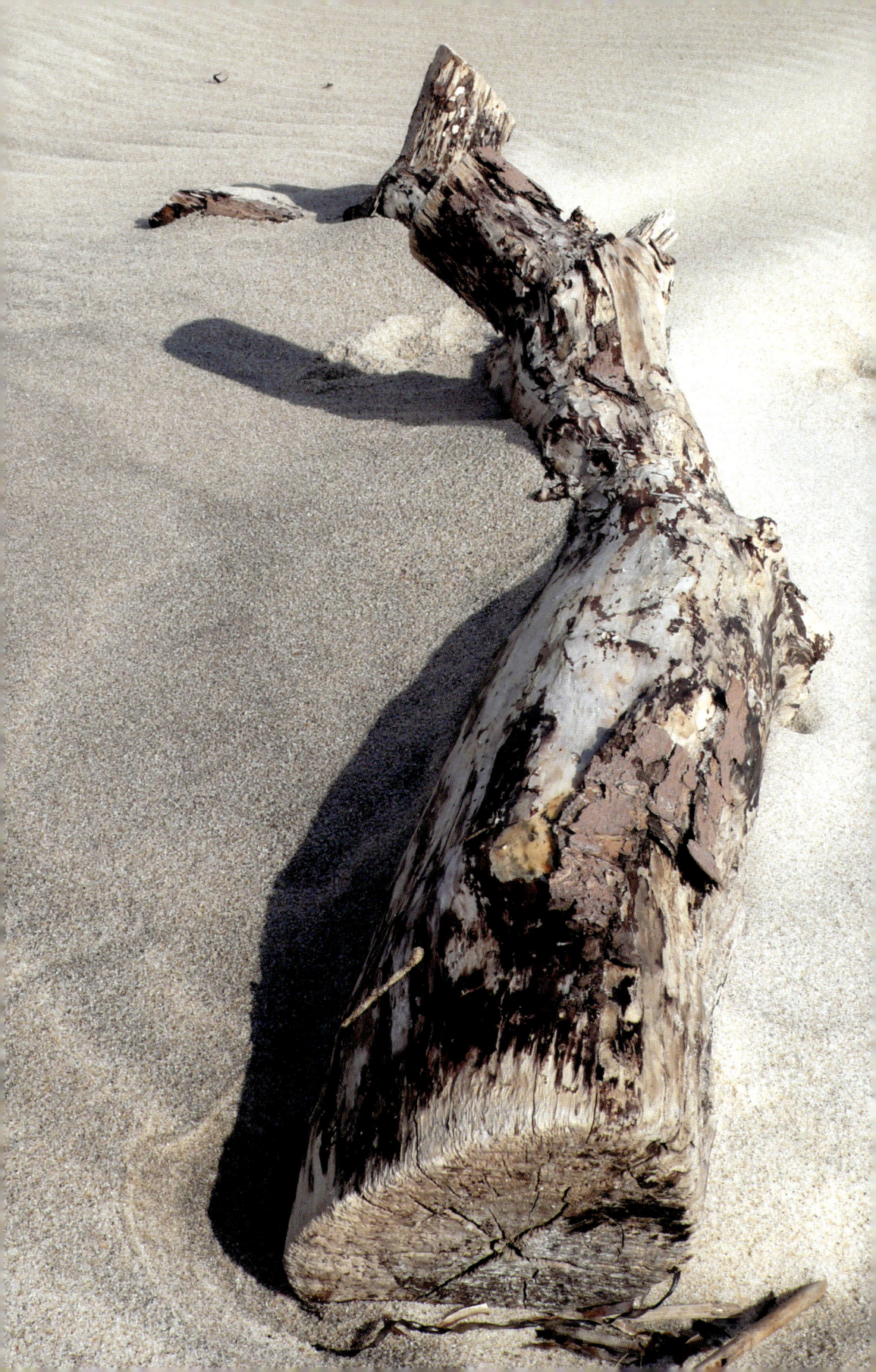

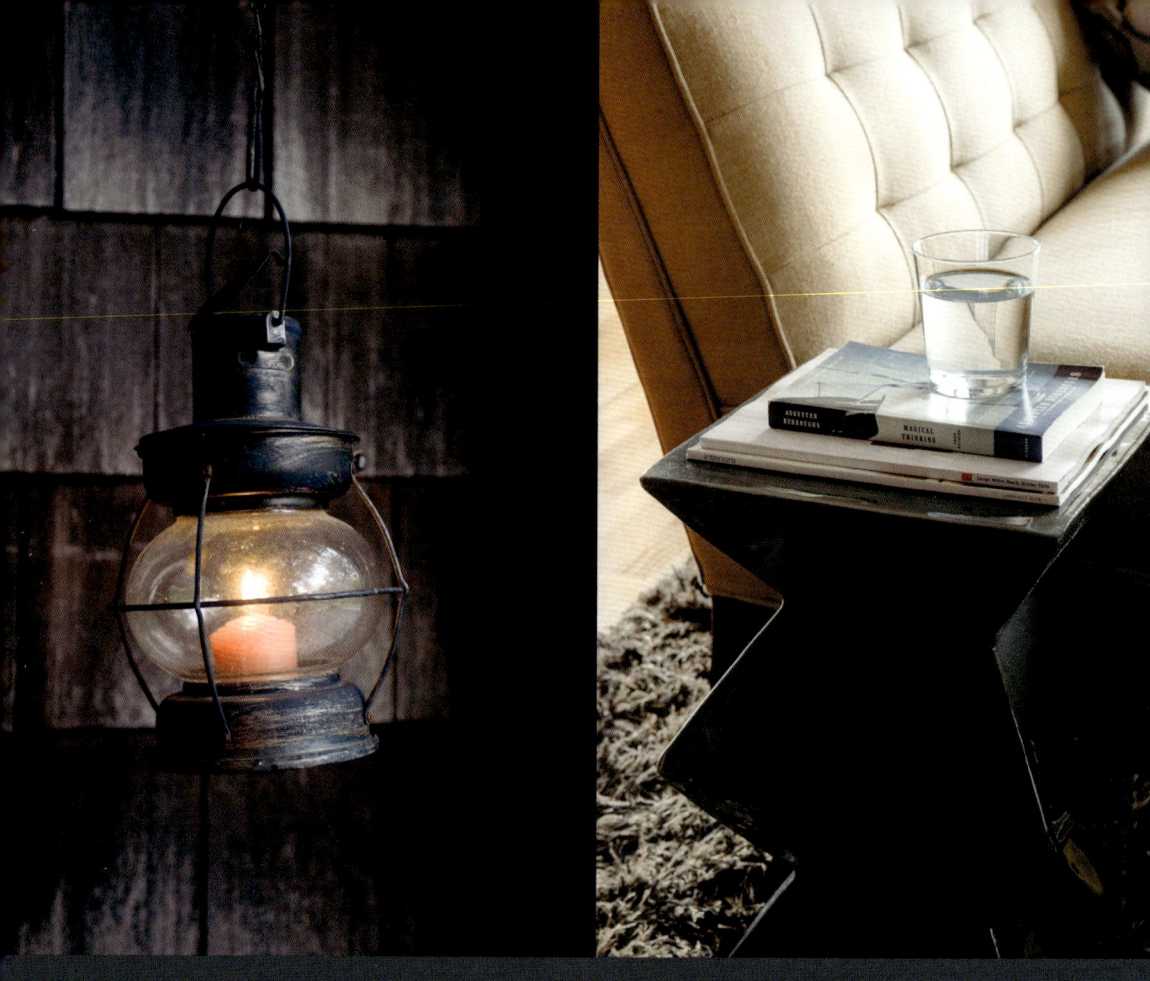

CM 27 green night

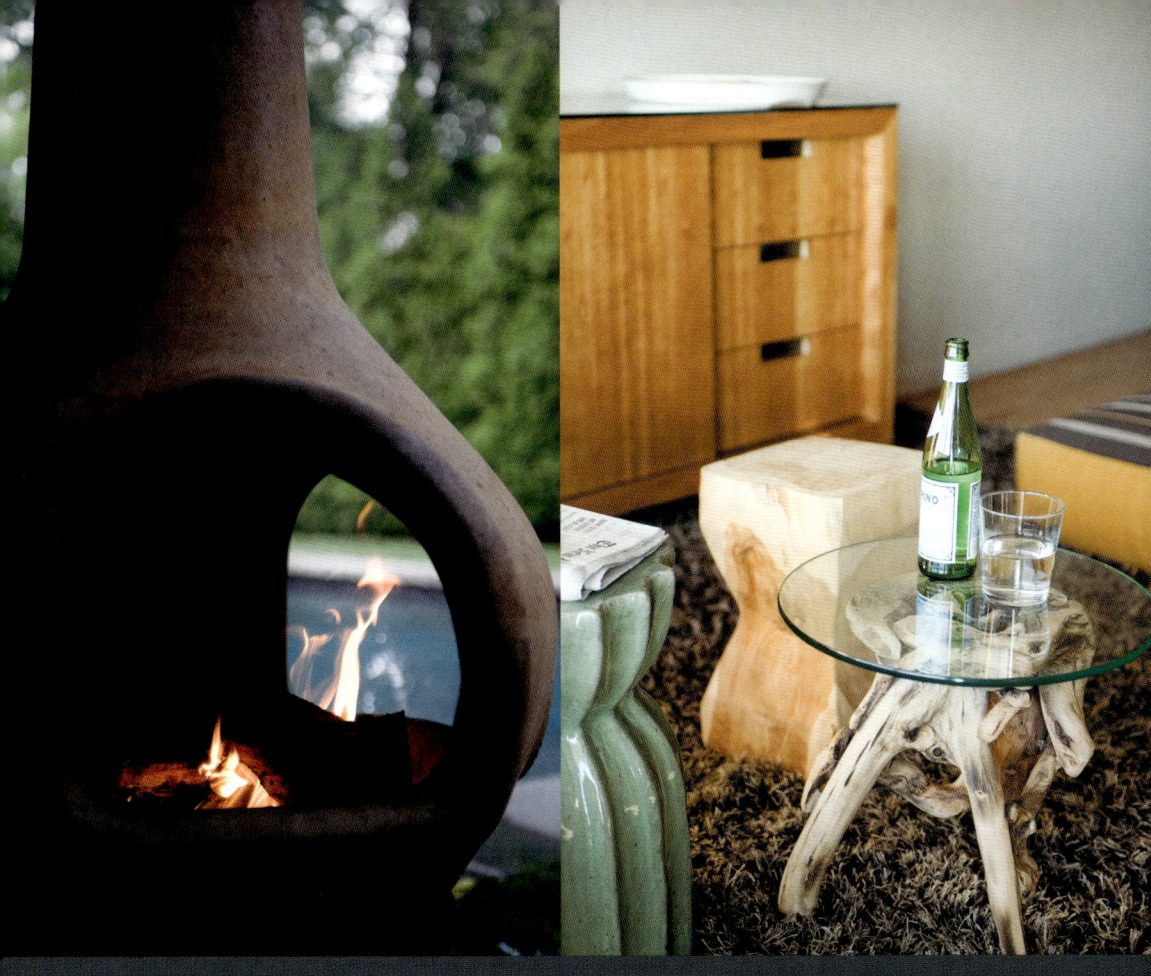

CM 27 green night

CM 56 pepper & salt

CM 55 muddy swamp

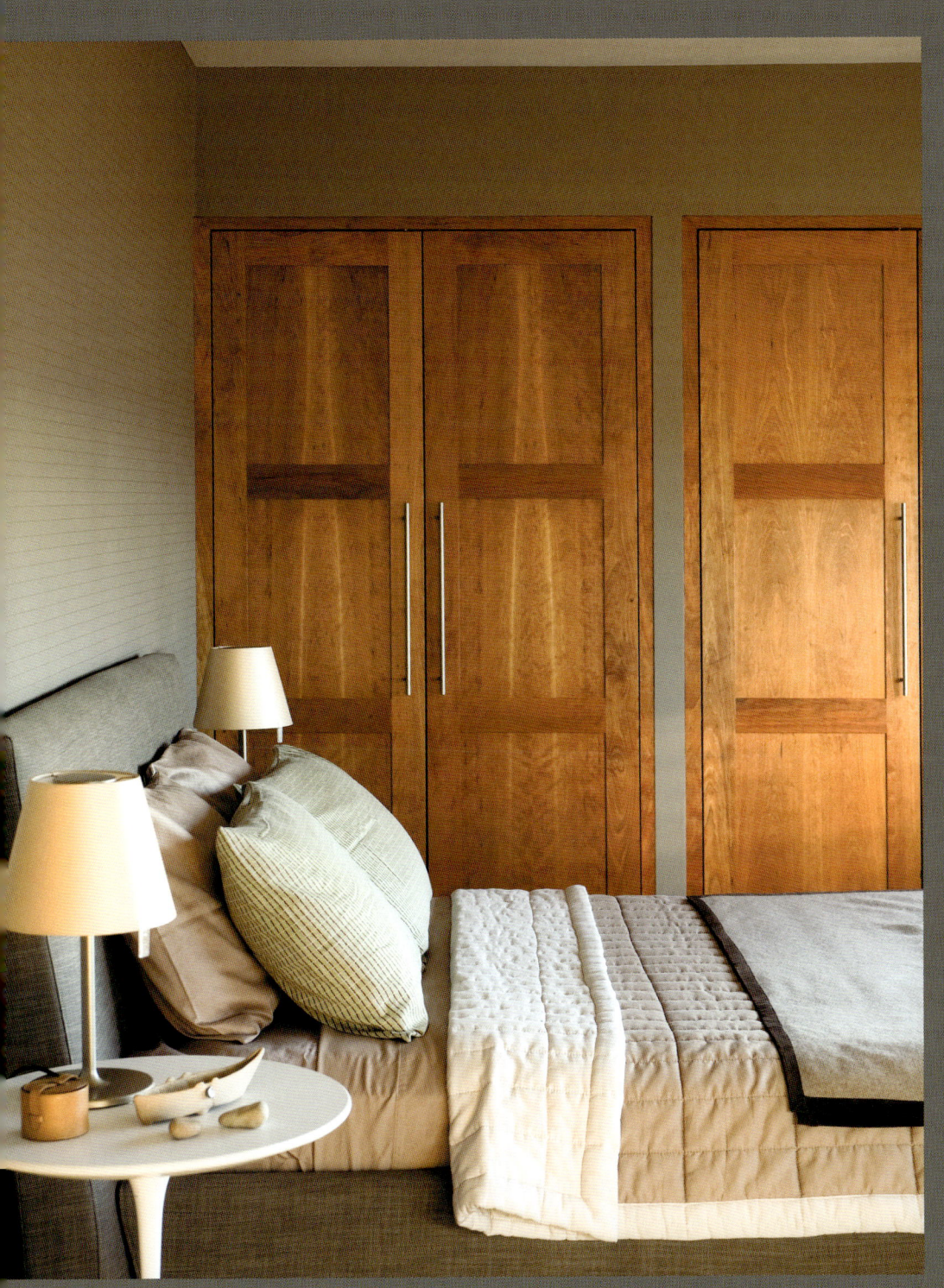

CM 55 muddy swamp

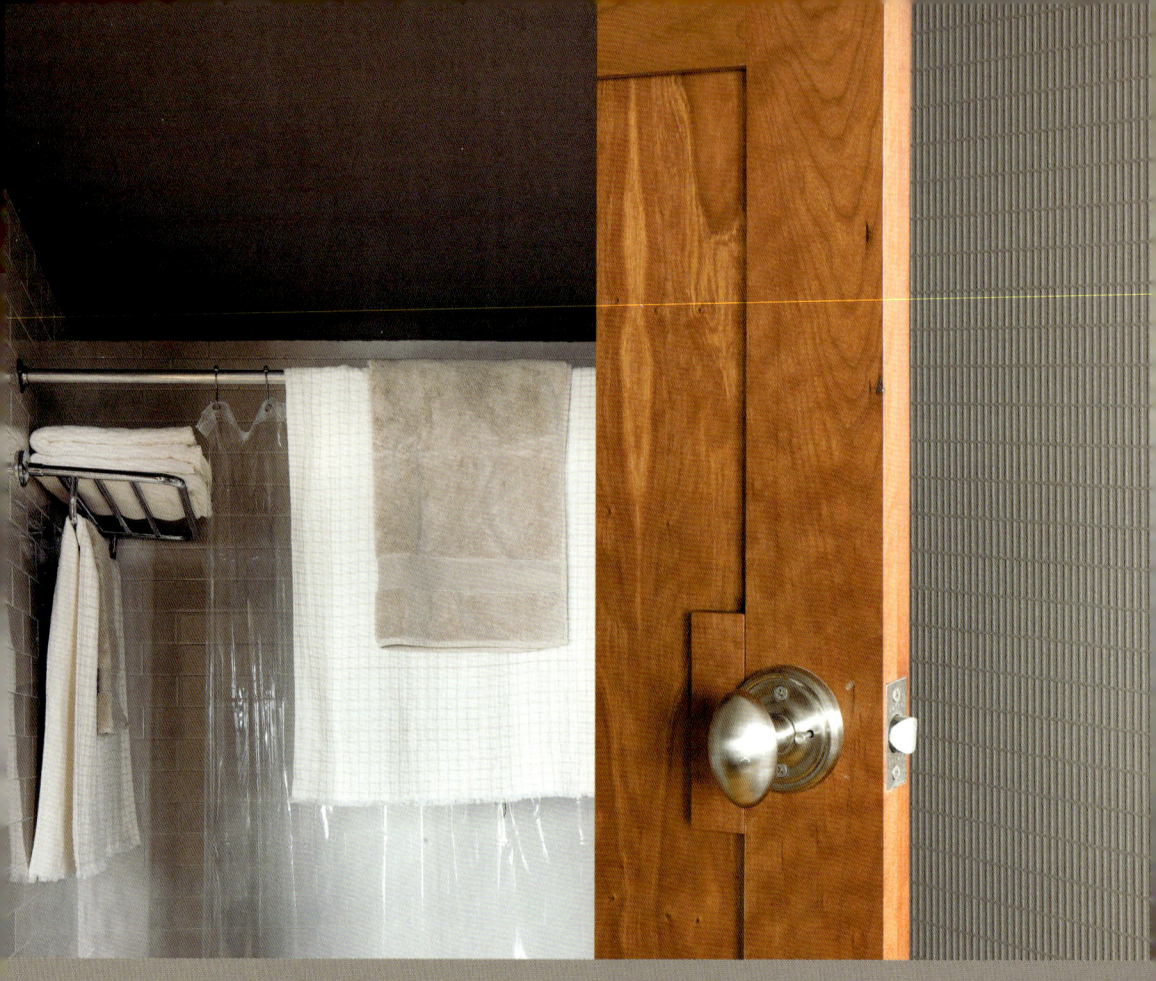

CM 49 cafe chocolata

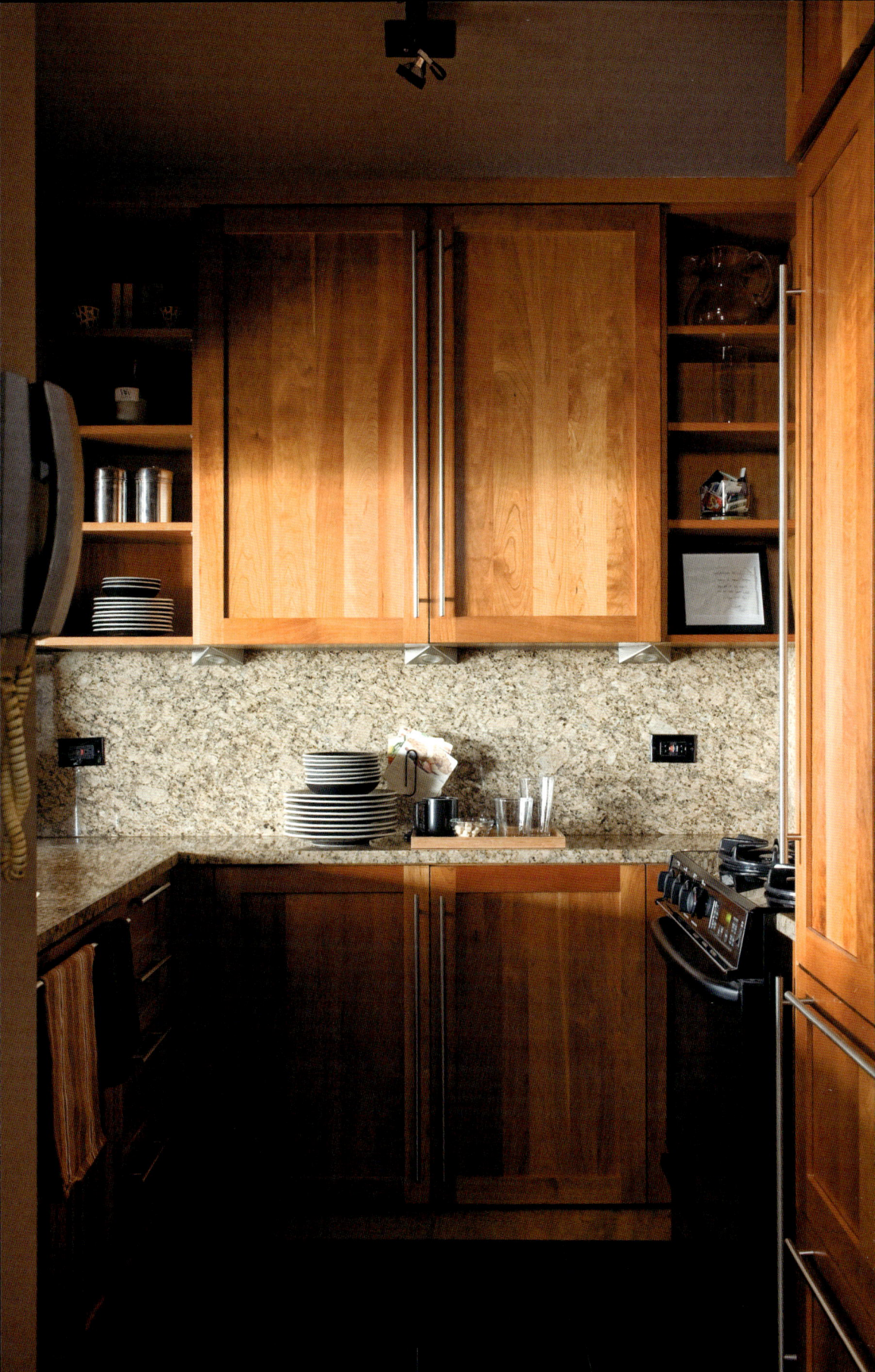

Zachte texturen en zongebleekte tinten herinneren de stadsbewoner aan de uitgestrekte stranden van zijn weekendoptrekje en doen hem instant relaxen.

Des textures douces et comme décolorées par le soleil rappellent au citadin les vastes plages de ses escapades du week-end et lui permettent de se relaxer aussitôt.

Soft and seemingly sun-faded textures remind the city dweller of the vast beaches of his weekend cottage and help him relax through their memory.

Das weiche, wie von der Sonne ausgeblichene Gewebe ruft den Stadtbewohnern die weiten Strände ihrer Wochenendausflüge ins Gedächtnis und lädt sie zum Entspannen ein.

CM 84 dune sand

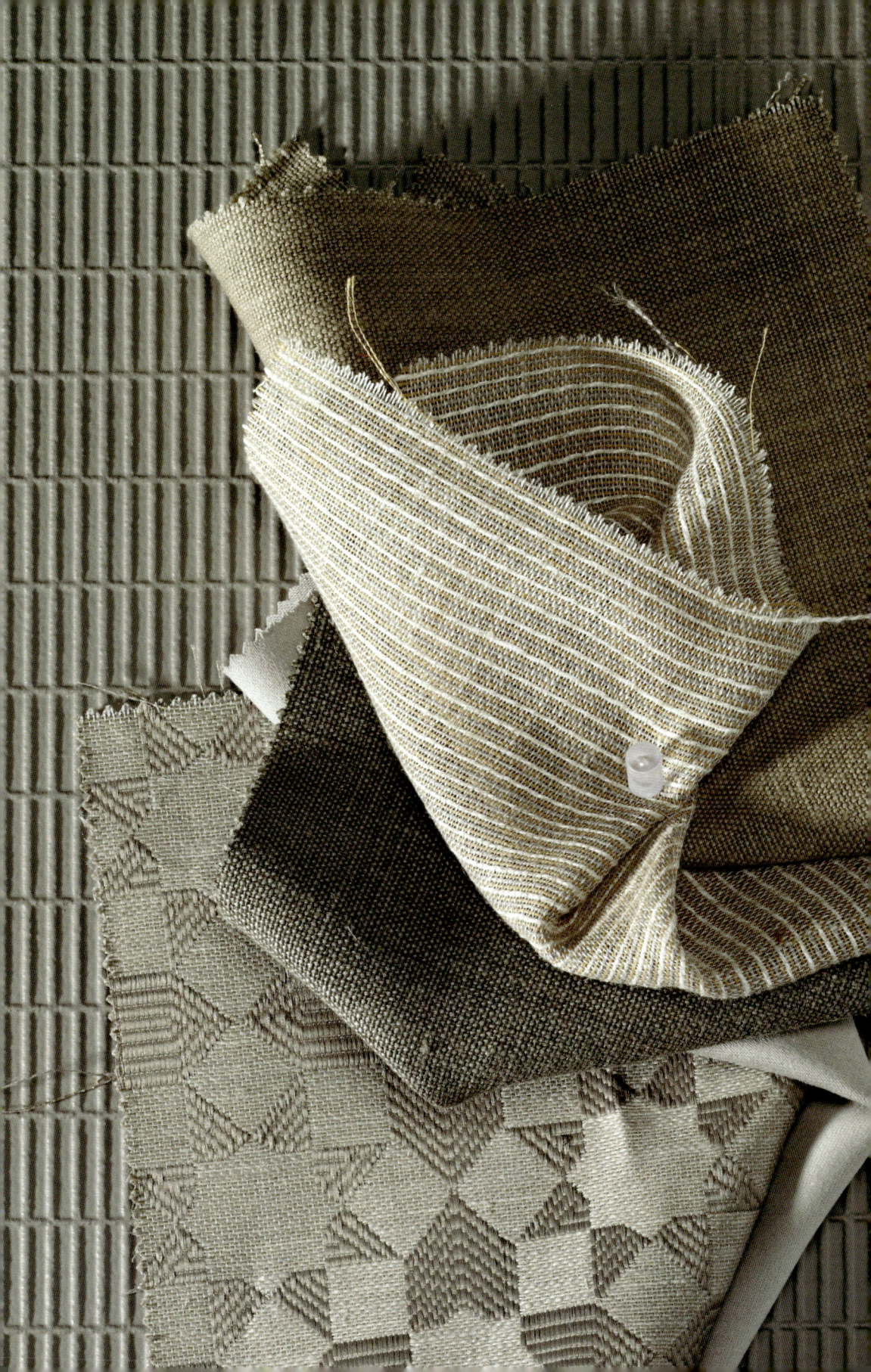

CM 33 tomato red

Marrakech Lounge

Marrakech. Haar hectische medina en betoverende Jemaa El Fna plein, haar zwoele drukte en verzengende hitte. Om orde te brengen in die chaos creëerde Chris Mestdagh een harmonie van structuren en strepen, uitgevoerd in de warme kruidtinten die de stad en de nabije woestijn kenmerken. De sobere, tijdloze meubelen van zijn hand geven het geheel een kosmopolitisch karakter. Of het beste van de Rode Stad, gebundeld in een interieur.

Marrakech. Sa médina foisonnante et son ensorcelante place Jemaa El Fna, son agitation fiévreuse et sa chaleur torride. Afin d'y insuffler un peu d'ordre, Chris Mestdagh créa une gamme harmonieuse de structures et lignes dans les chaudes teintes épicées de la ville et du désert proche. Les meubles sobres, intemporels et signés de sa main donnent à l'ensemble un caractère cosmopolite. Toutes les essences de la ville rouge sont ici convoquées dans un intérieur.

Marrakech: with its hectic medina and its enchanting Jemaa El Fna, its feverish movement and torrid heat. To infuse it with a little order, Chris Mestdagh created a harmonious range of structures and lines in the warm spicy shades of the city and the nearby desert. The simple, timeless furniture he designed gives the ensemble a cosmopolitan character. A single interior calls up all the essence of the Red City.

Marrakech. Die aufgewühlte Medina und der verführerische Platz Jemaa El Fna. Fieberhaftes Treiben und brennende Hitze. Um etwas Ordnung ins Chaos zu bringen, hat Chris Mestdagh eine harmonische Palette an Strukturen und Linien in den warmen Gewürztönen der Stadt und der nahen Wüste geschaffen. Die schlichten, zeitlosen und von seiner Hand gekennzeichneten Möbel geben dem Ganzen einen kosmopolitischen Charakter. Alle Essenzen der roten Stadt sind in diesem Wohnraum vereint.

CM 89 cherry red

CM 34 bloody bull

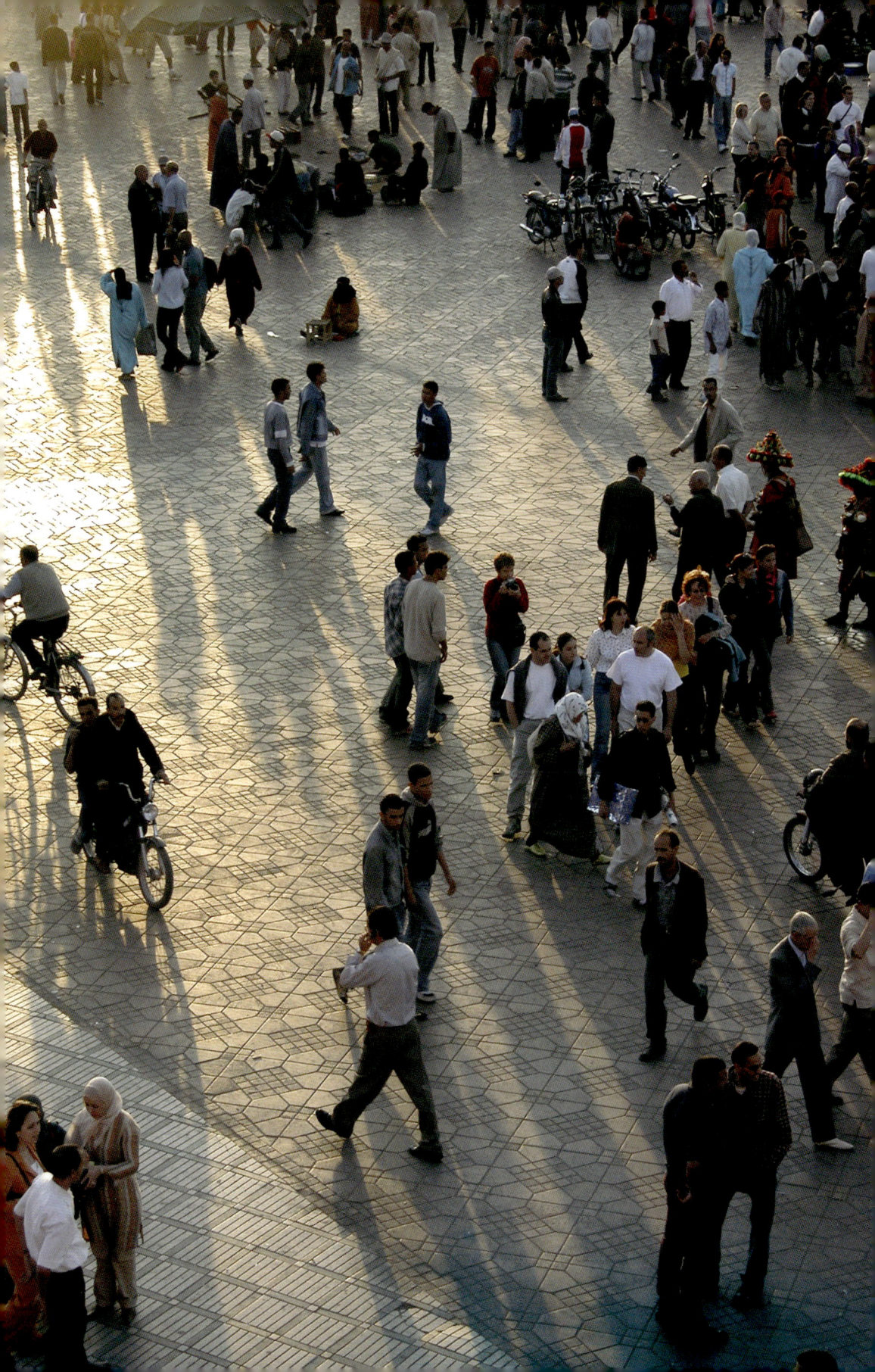

CM 38 terracotta

CM 37 hot chocolate

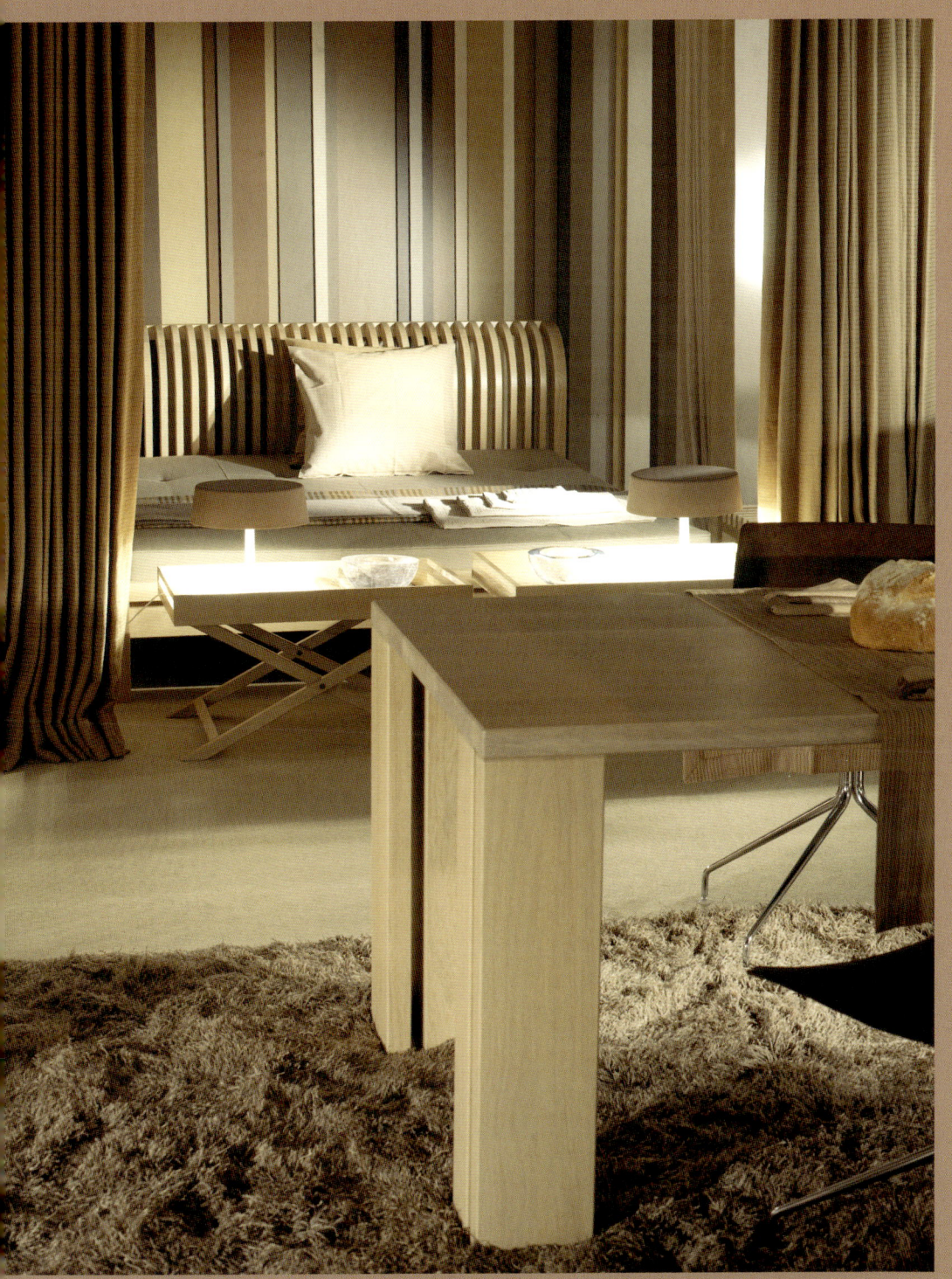

CM 51 brick brown

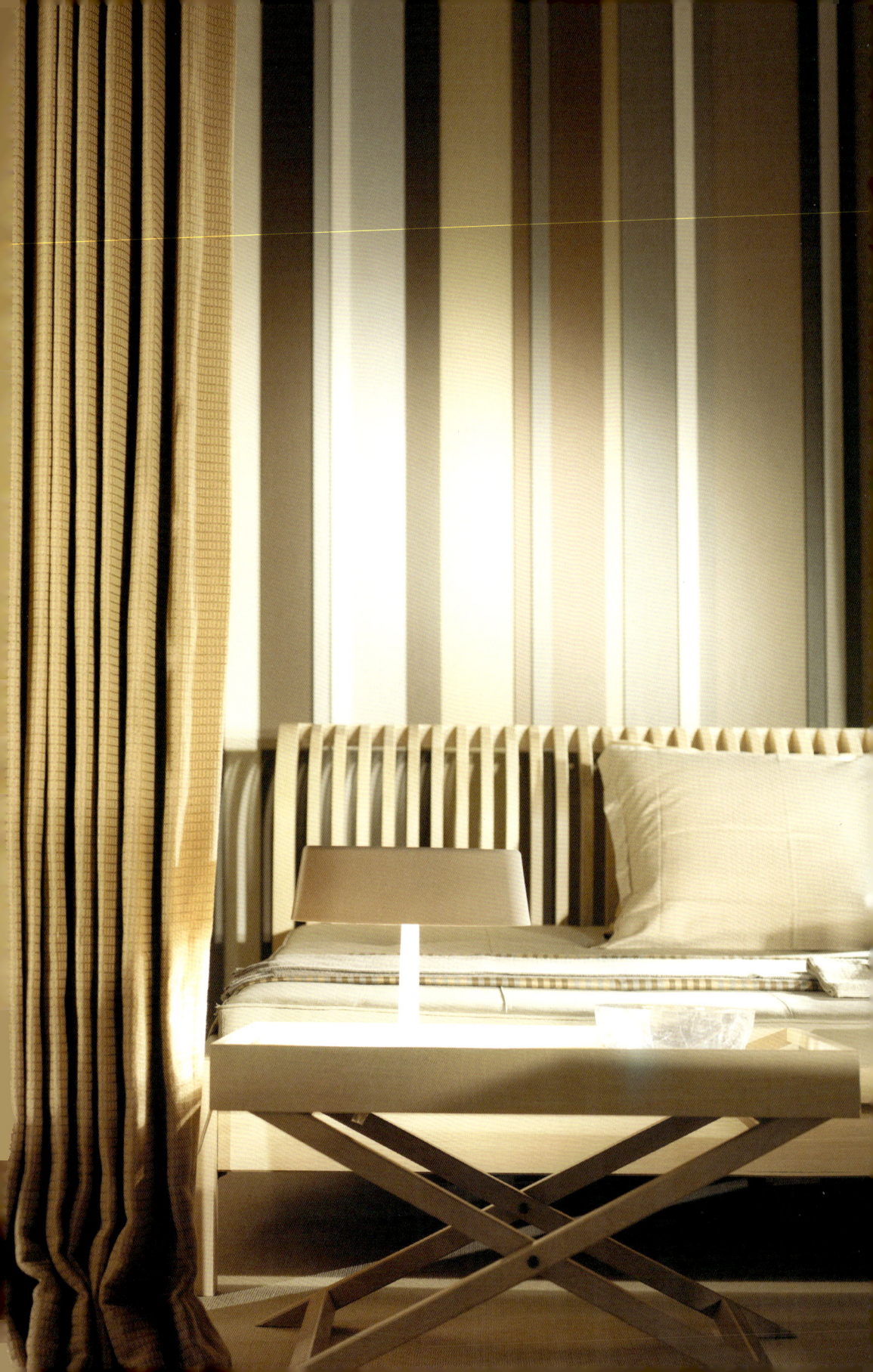

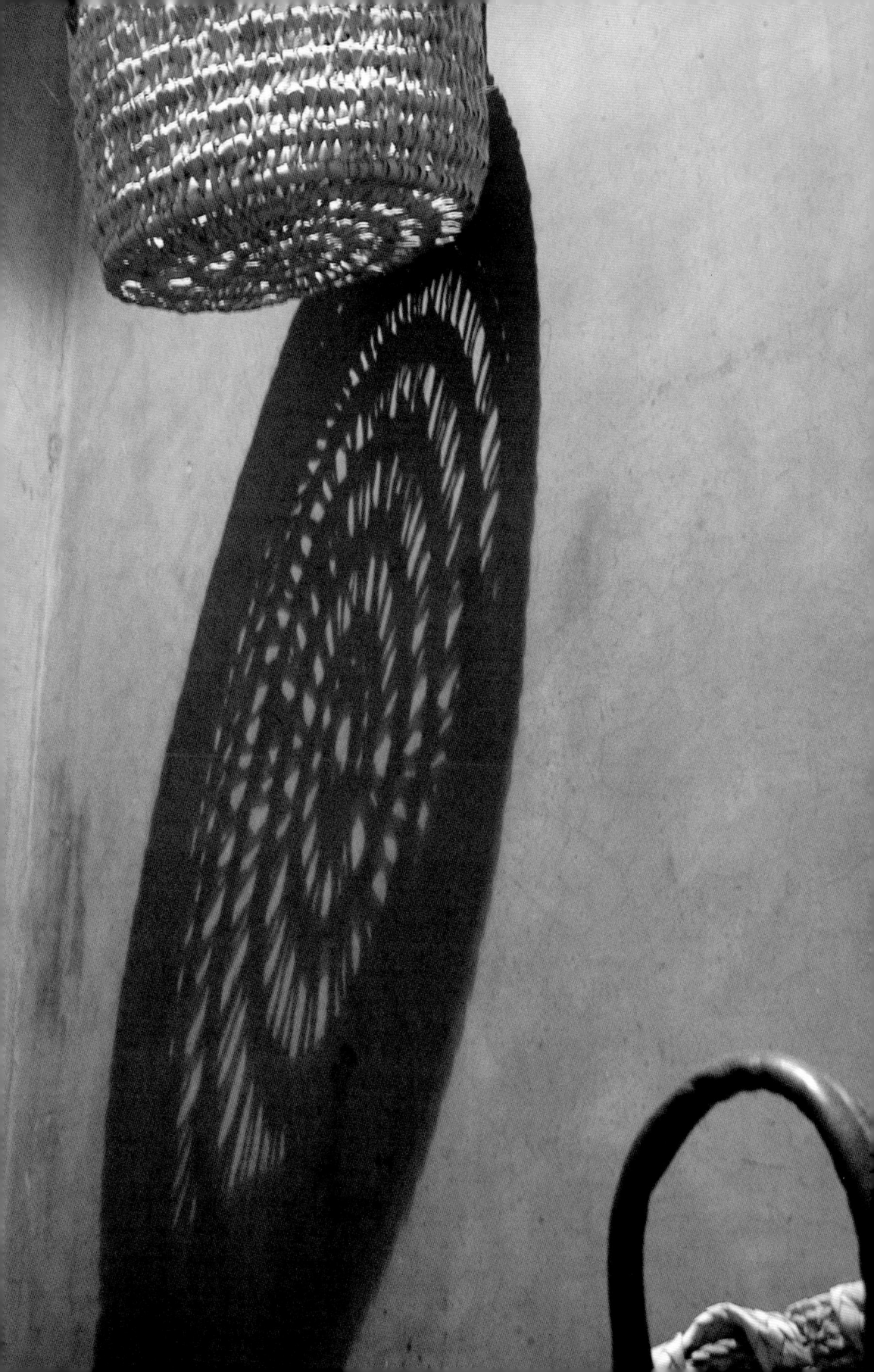

CM 66 pale skin

CM 70 penne

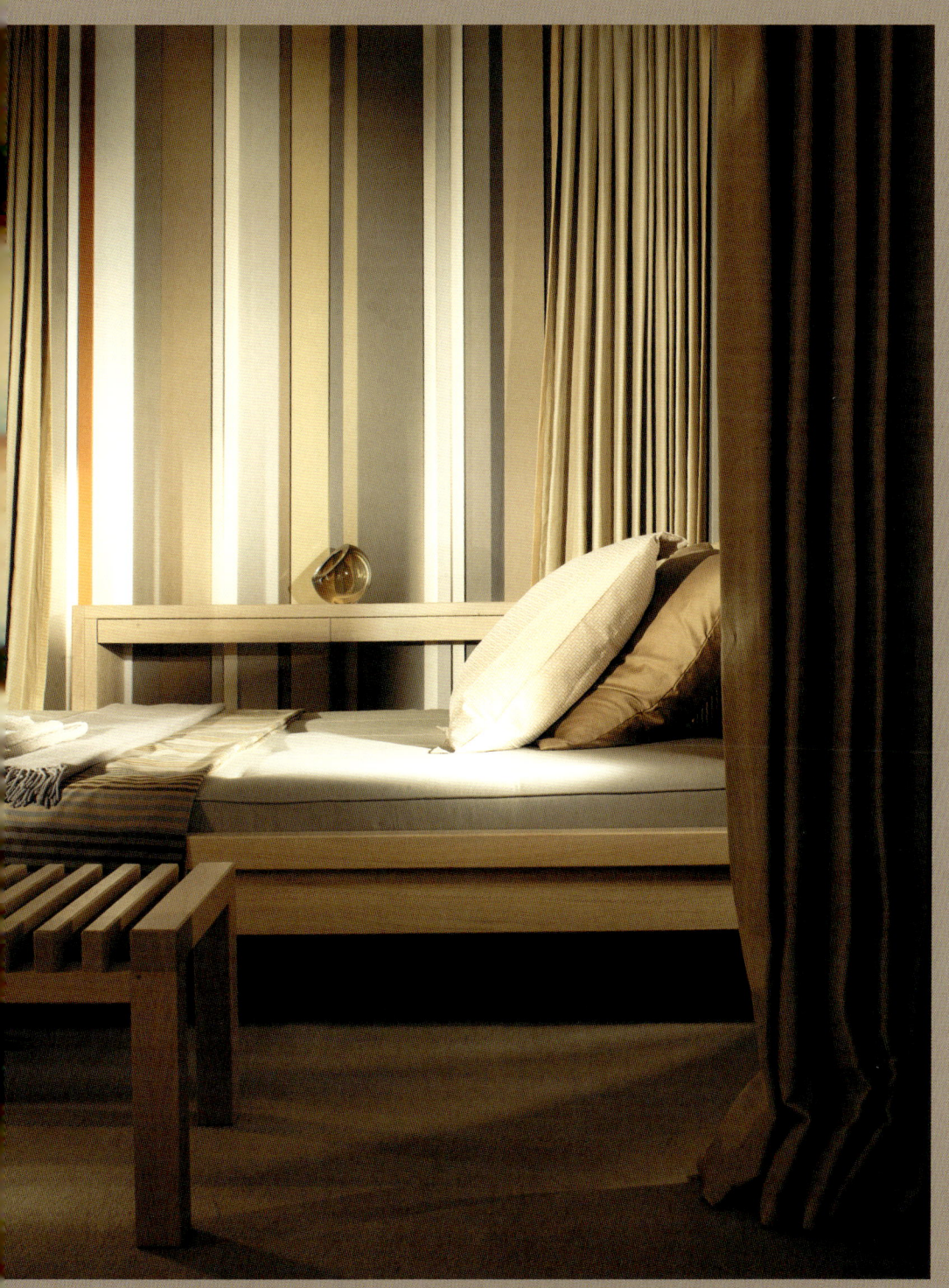

CM 50 florence clay

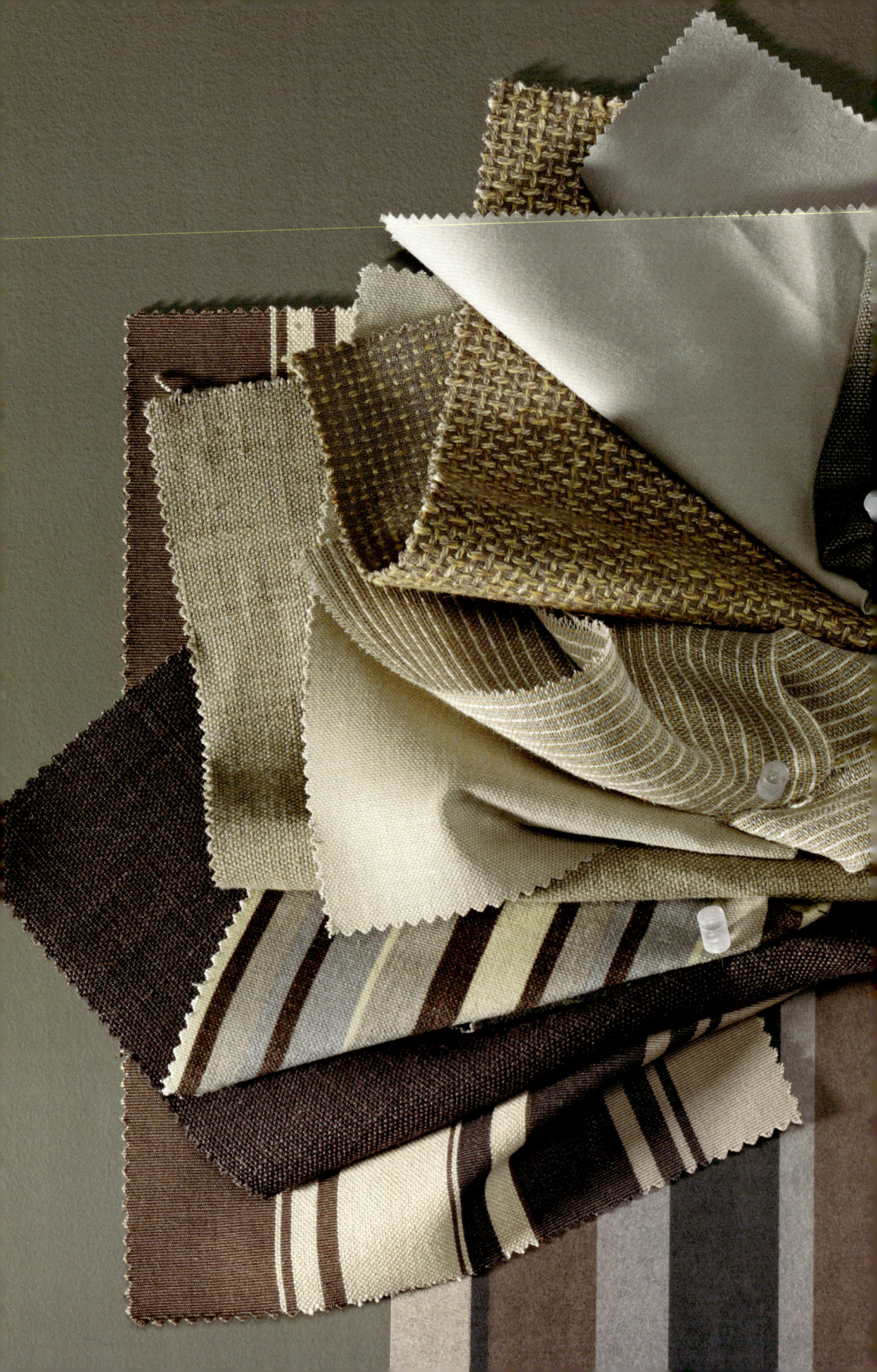

De schrille droogte en de genadeloos felle woestijnzon inspireerden deze selectie afgewassen, verbleekte, luchtige stoffen. Alsof een zucht woestijnzand hun kleuren temperde.

La violente aridité et l'impitoyable soleil du désert sont la source de cette sélection de tissus délavés, décolorés et légers. Comme si une brise venue du désert en avait tempéré les couleurs.

The violent aridness and unpitying sun of the desert are the source of the selection of light, faded, washed colors. As if a desert breeze tempered the colors.

Raue Trockenheit und eine erbarmungslose Wüstensonne sind Ausgangspunkt dieser Auslese an verwaschenen, verblichenen und leichten Stoffen. Als hätte ein leichter Wüstenwind die Farbintensität gedämpft.

CM 66 pale skin

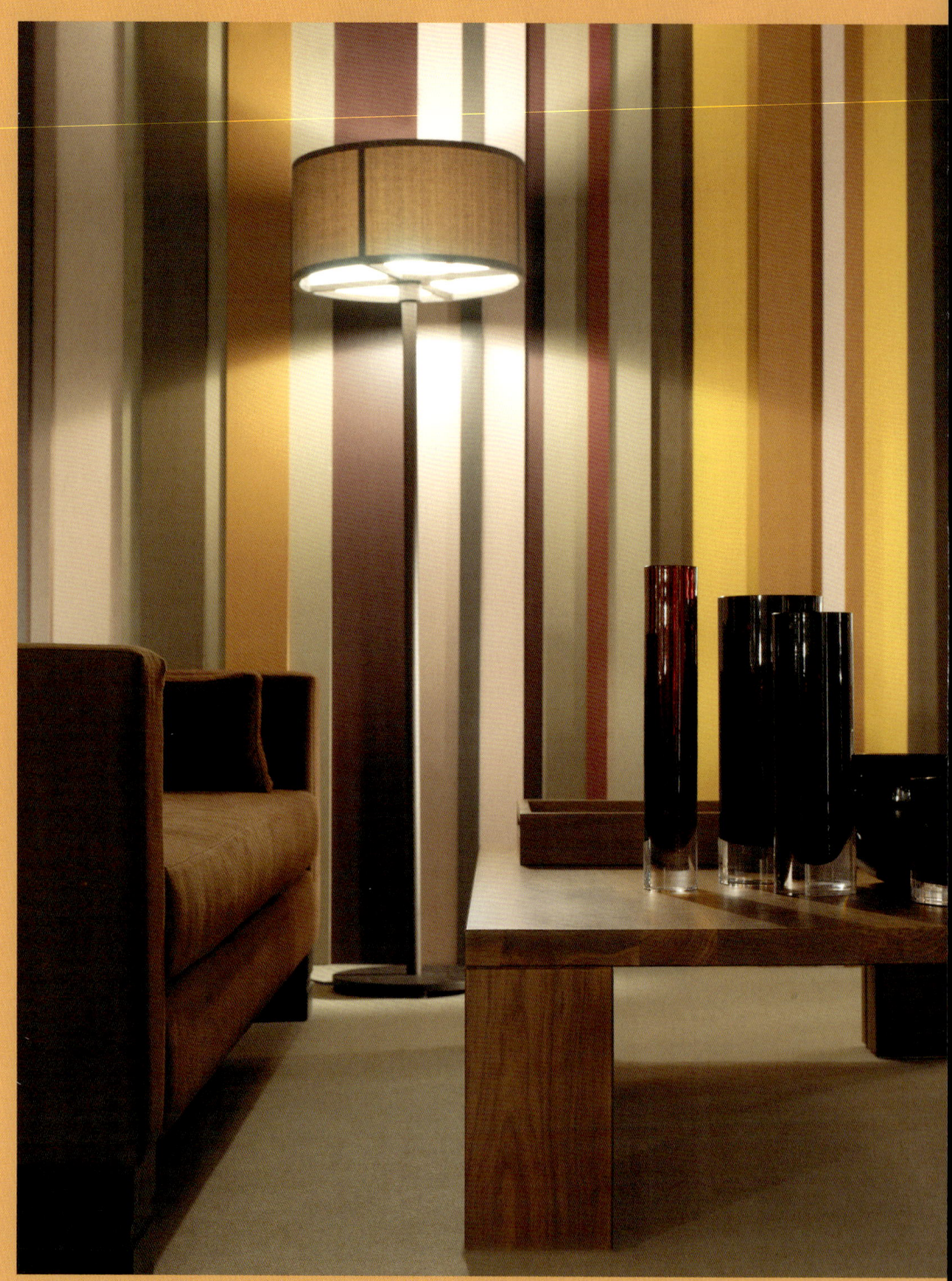

CM 40 harvest orange

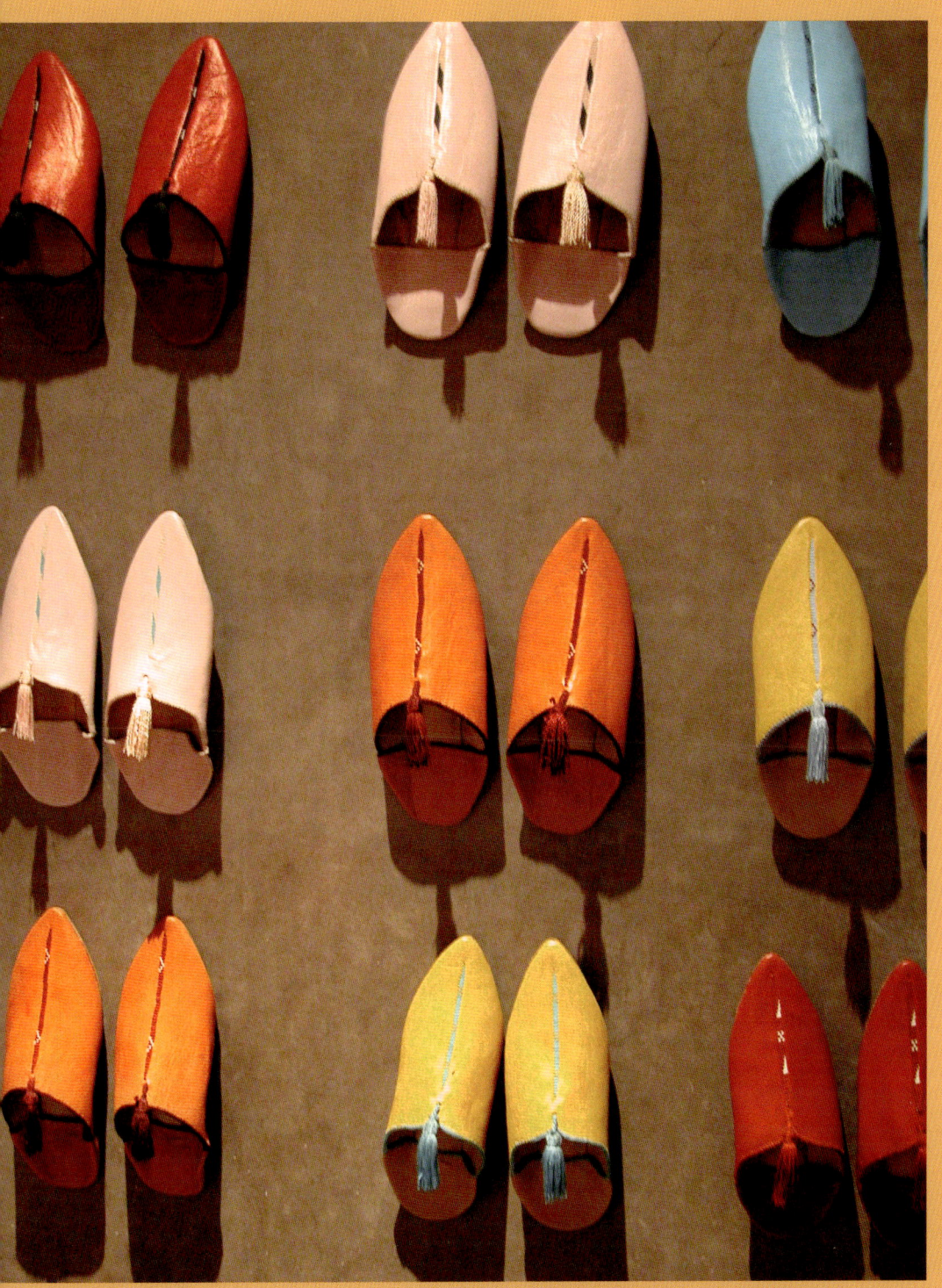

CM 40 harvest orange

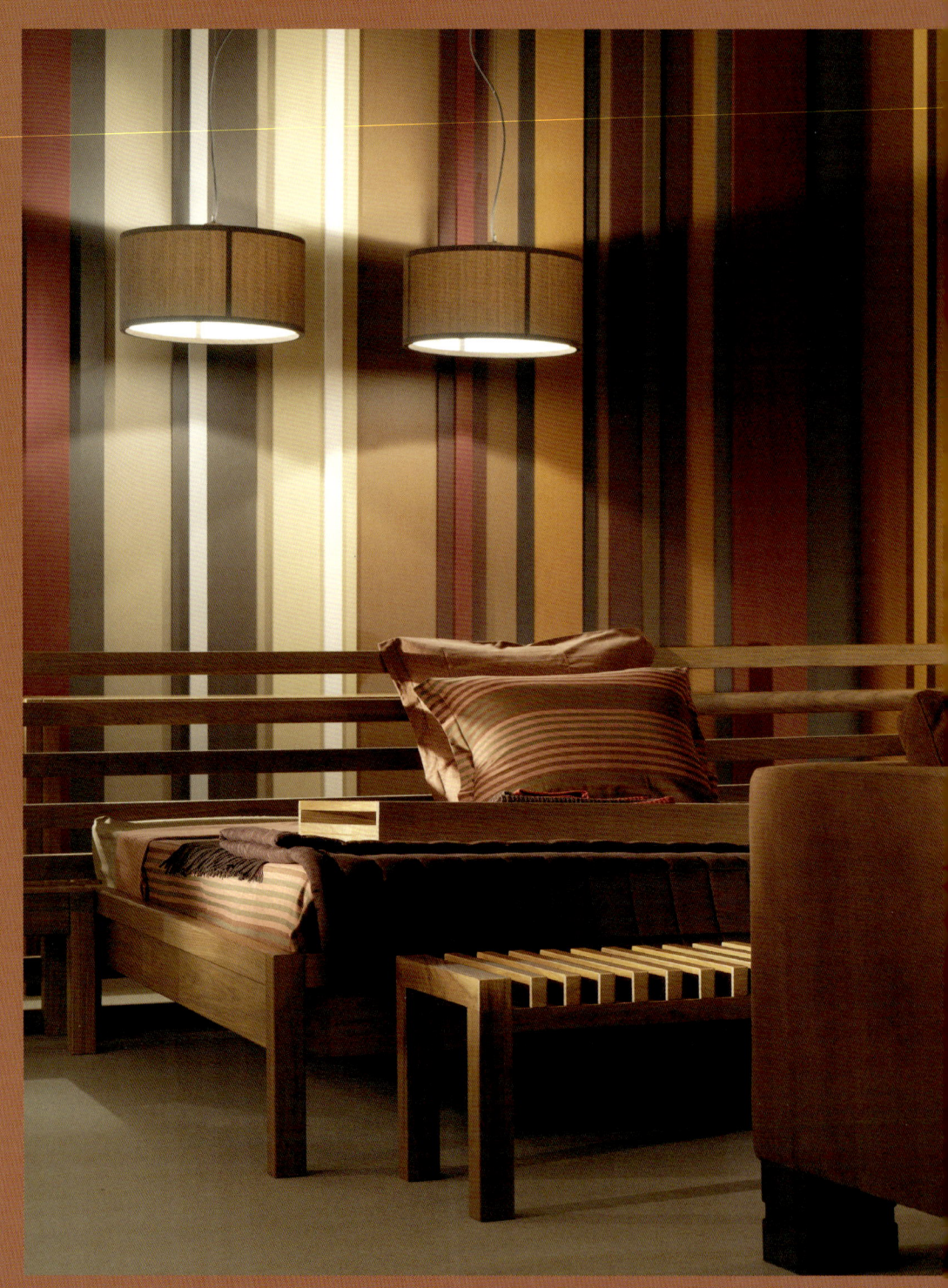

CM 39 burned sienna

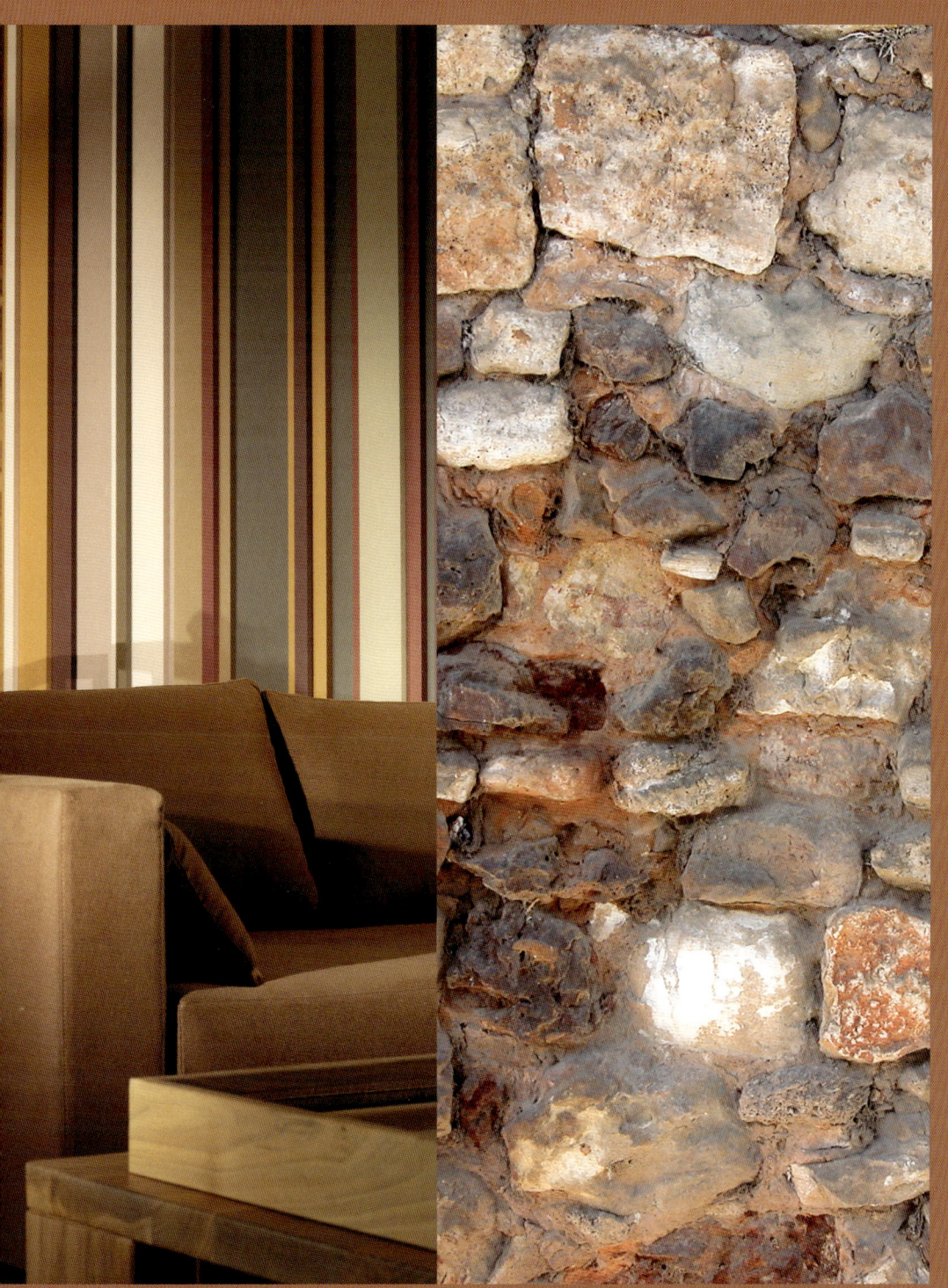

CM 39 burned sienna

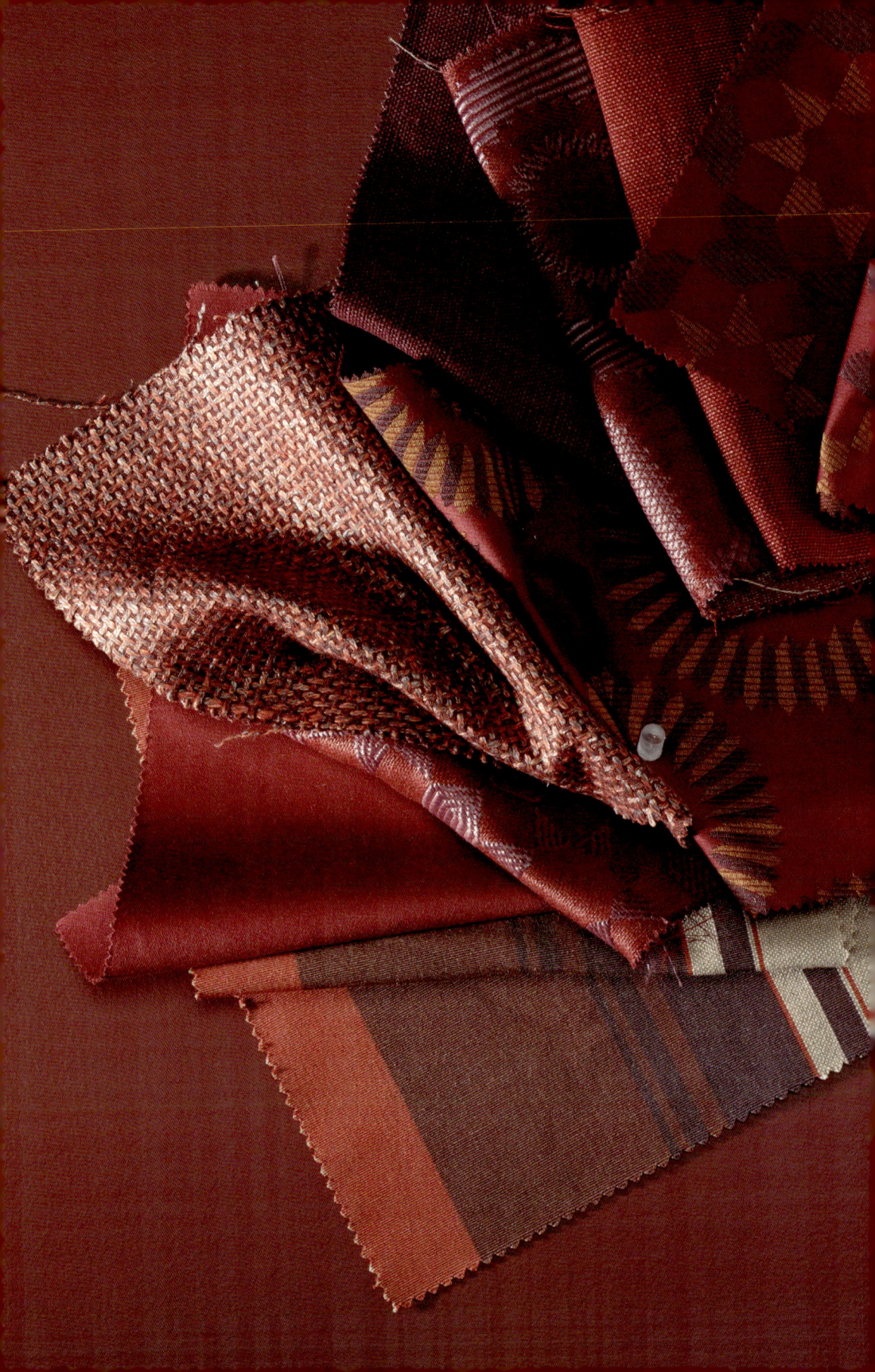

Luxueuze jacquard motieven en streelzacht satijnkatoen herinneren aan de weelderigheid van de Rode Stad. De subtiele structuren en gedurfde strepen zijn een ode aan de rijke motieven die overal in Marrakech opduiken.

Des motifs jacquard luxueux et du coton satiné doux comme une caresse évoquent la luxuriance de la ville rouge. Les textures raffinées et les rayures franches sont une ode aux riches motifs omniprésents à Marrakech.

Luxurious jacquard patterns and satiny cotton soft as a caress evoke the opulence of the Red City. The refined textures and daring lines are an ode to the rich patterns that are omnipresent in Marrakech.

Edle Jacquardmuster und weicher Baumwollsatin, zart wie Seide, stehen für die Pracht der roten Stadt. Die verfeinerten Texturen und geradlinigen Streifen sind eine Ode an die reichen Motive, die in Marrakech überall präsent sind.

CM 33 tomato red

CM 55 muddy swamp

Bohemian Bruges

Werelderfgoedstad Brugge grossiert in subtiele natuurnuances. Grijs van donderwolken, bruine aardetinten en neutraal cement houden het middeleeuwse stadscentrum sinds mensenheugenis bijeen. Eeuwenoud en tegelijkertijd tijdloos, aanwezig zonder aandacht op te eisen. Precies die uitgekiende stijleenvoud wilden de bewoners van dit kleine Brugse huisje binnenin herhalen. Aanvankelijk leek veilig wit hen de enige optie, maar Chris Mestdagh wist hen te overtuigen met een ingetogen, uitgebalanceerd kleurenschema. Het resultaat is puurheid van de zuiverste vorm. Net zoals Brugge.

Bruges, la ville du patrimoine mondial, regorge de nuances naturelles délicates. Le gris 'nuage d'orage', les teintes de brun terre et le ciment se côtoient depuis des siècles dans son centre moyenâgeux. Séculaire et intemporelle, Bruges traverse discrètement les âges. C'est précisément cette subtile simplicité que ces habitants souhaitaient recréer à l'intérieur de leur petite maison brugeoise. Initialement, le blanc classique leur semblait l'unique option, mais Chris Mestdagh les a séduits et convaincus avec une palette de couleurs posée et équilibrée. Il en résulte une pureté formelle absolue. A l'image de Bruges.

Bruges, a city of global heritage, is overflowing with delicate natural colors. For centuries, 'thundercloud' gray, 'earth's soil' and neutral 'cement' have been juxtaposed in its Medieval center. Secular and timeless, Bruges has discretely passed through time. It is precisely this subtle simplicity that its residents wanted to recreate inside their little Bruges home. Initially, classic white seemed to be their only option, but Chris Mestdagh captivated and convinced them with a subtle and balanced palette of colors. The result is absolute formal purity, in the image of Bruges.

Brügge, die Stadt des Weltkulturerbes, ist voller natürlicher, zarter Töne. Das Grau der Gewitterwolken, die braunen Erdtöne und das zementartige Grau verschmelzen seit vielen Jahrhunderten im mittelalterlichen Stadtzentrum. Die altehrwürdige und zeitlose Stadt durchschreitet ganz dezent die Jahrhunderte. Ihre Einwohner möchten in den Wohnräumen ihrer kleinen Häuser eben diese zarte Schlichtheit nachempfinden. Ursprünglich schien klassisches Weiß die einzige Option zu sein, aber Chris Mestdagh hat sie verführt und mit einer bedachten, ausgewogenen Farbpalette überzeugt. Dadurch wird eine ausdrucksstarke, vollkommene Reinheit erzielt. So wie Brügge eben.

CM 55 muddy swamp

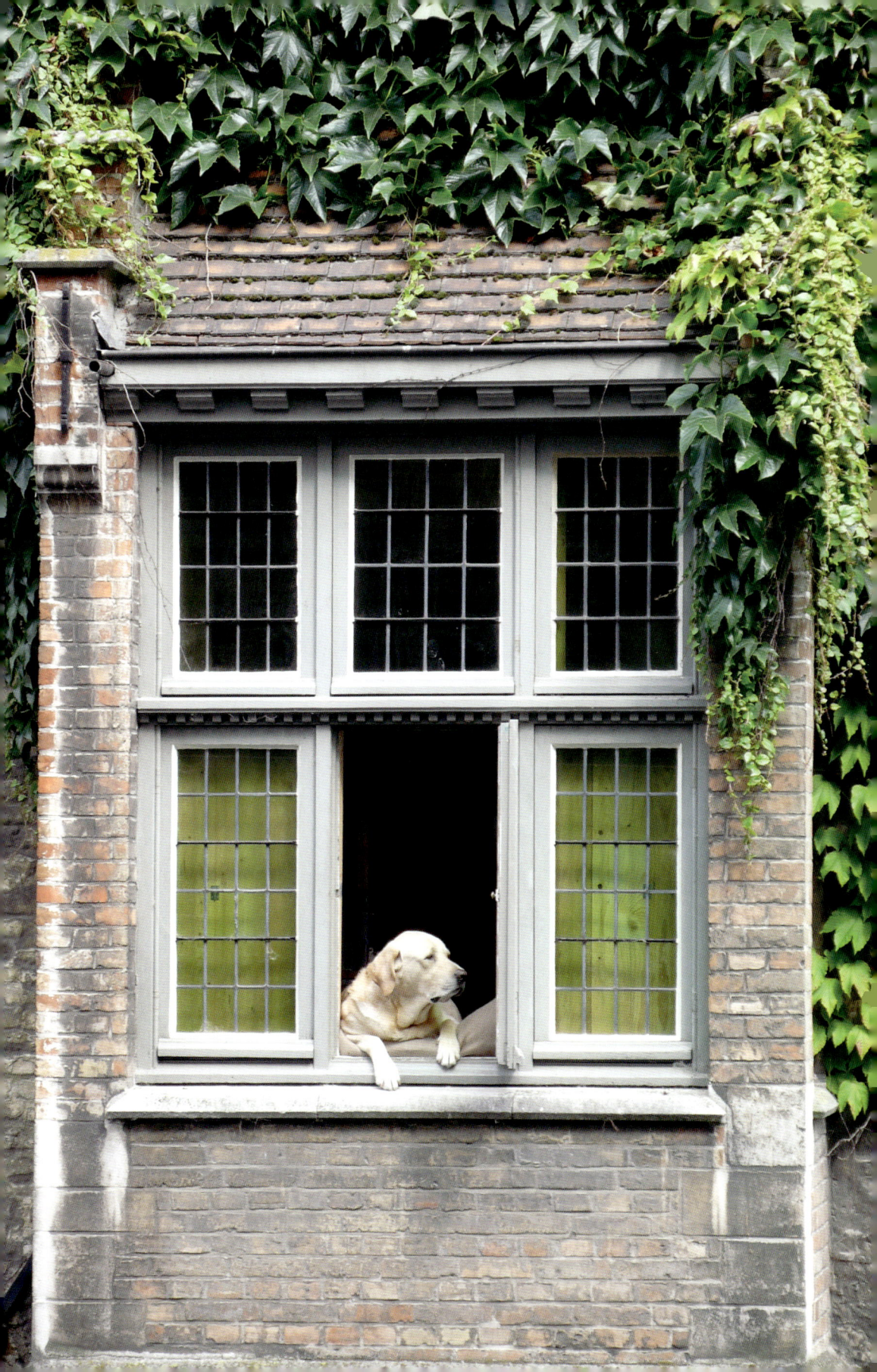

CM 107 cabana shingle

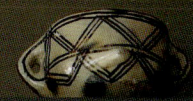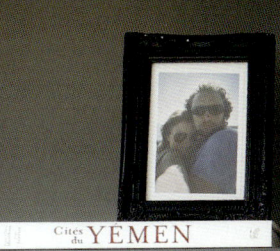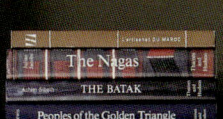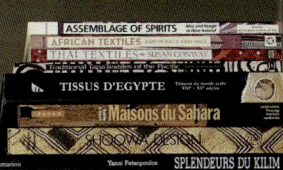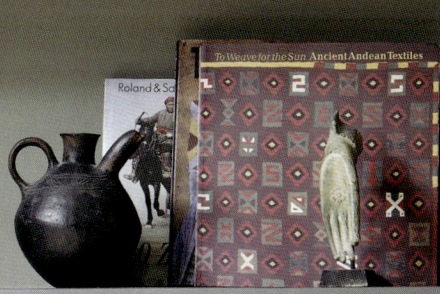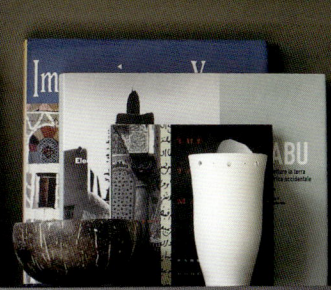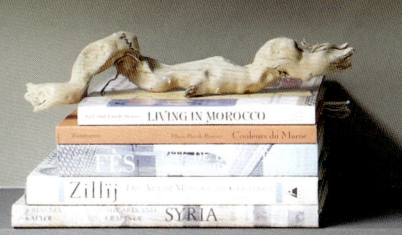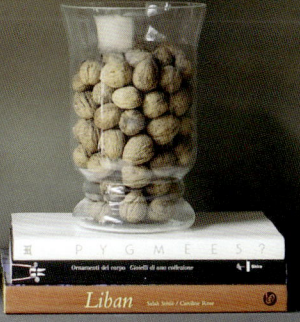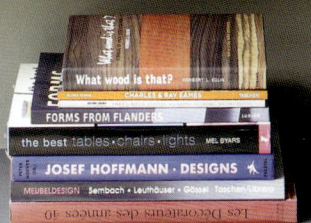

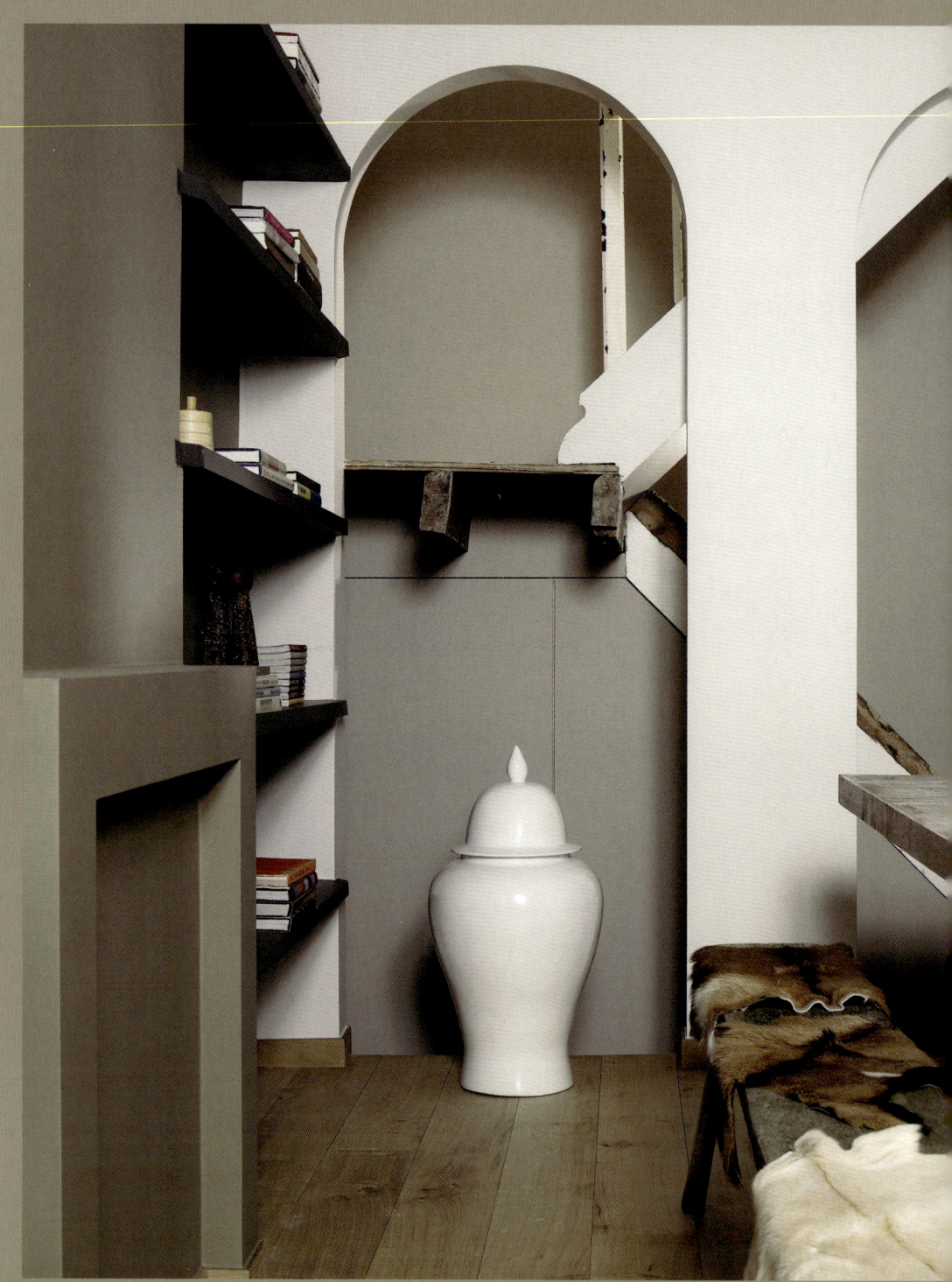

CM 105 aged teak

CM 106 earth's soil

CM 83 cement

CM 28 thundercloud

CM 114 hamptons grey

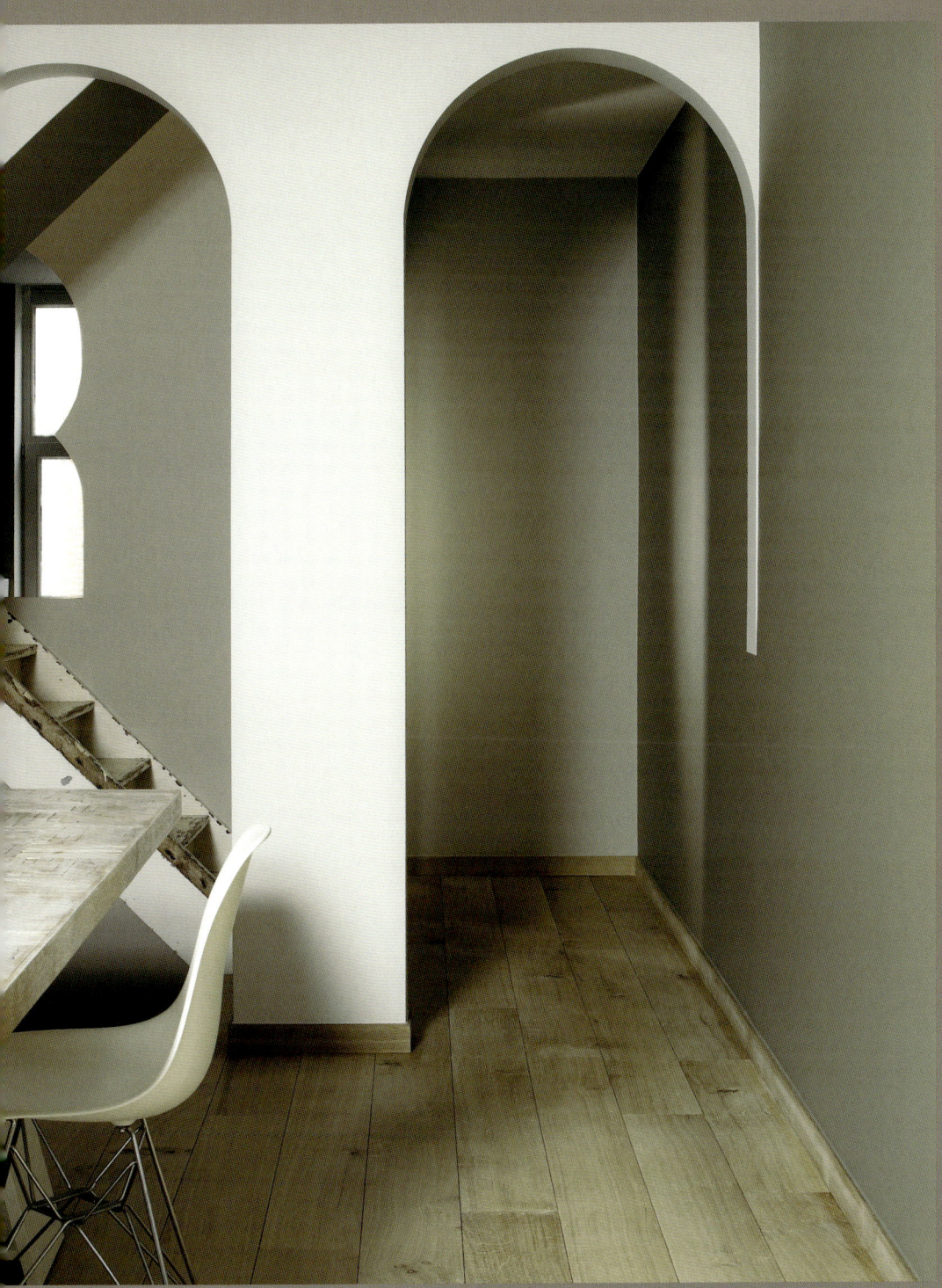

CM 106 earth's soil

CM 68 hummus

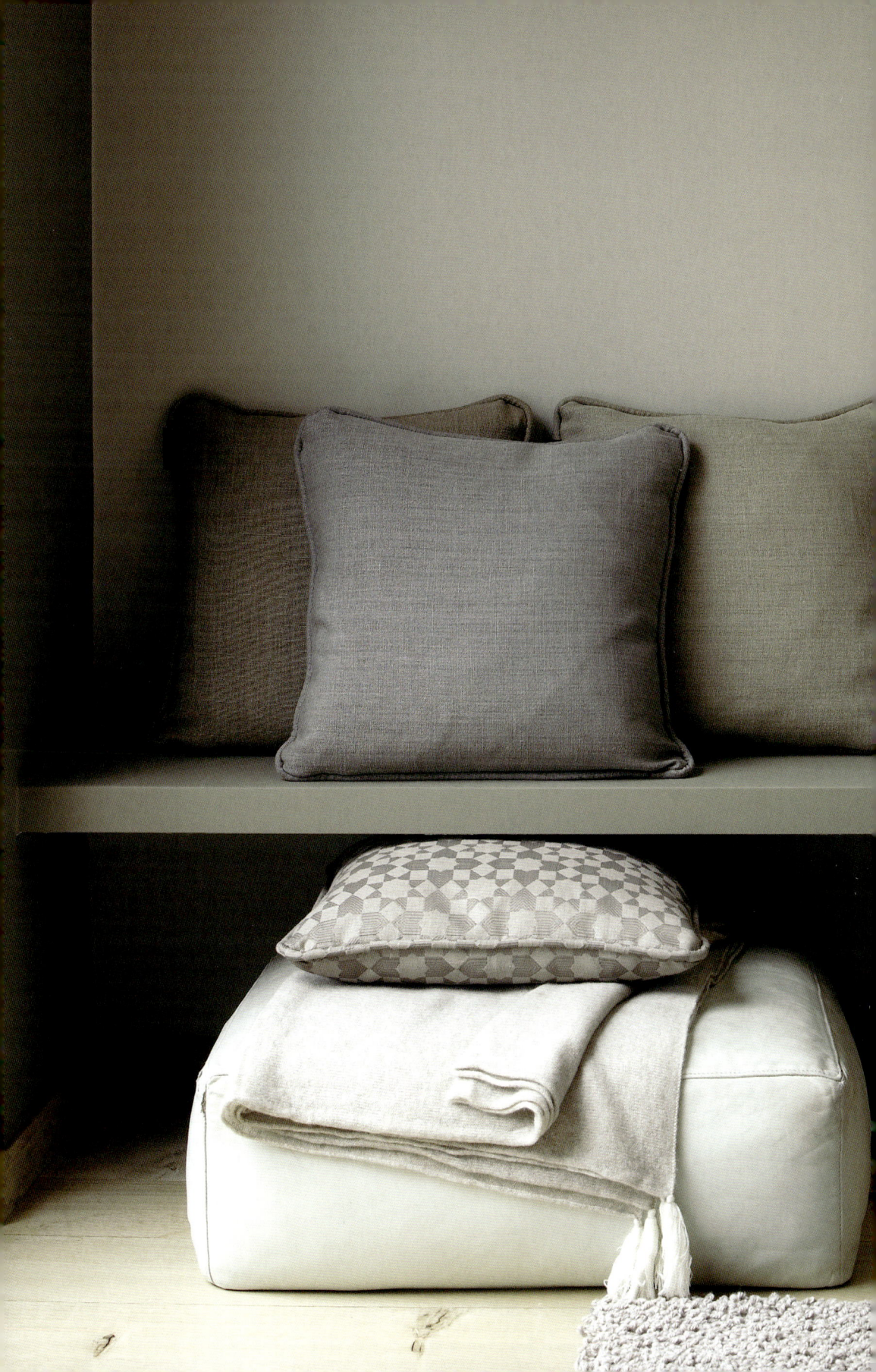

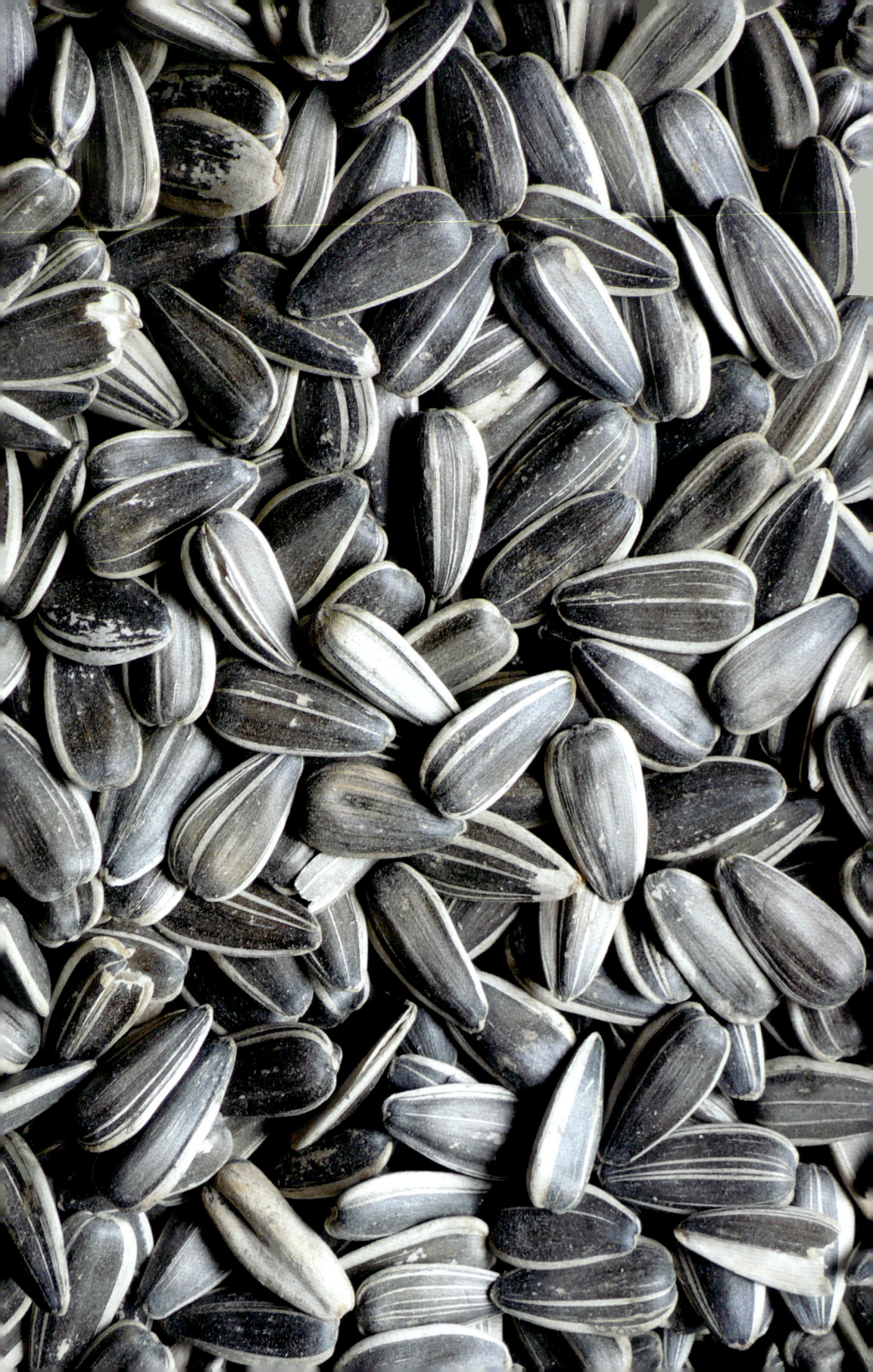

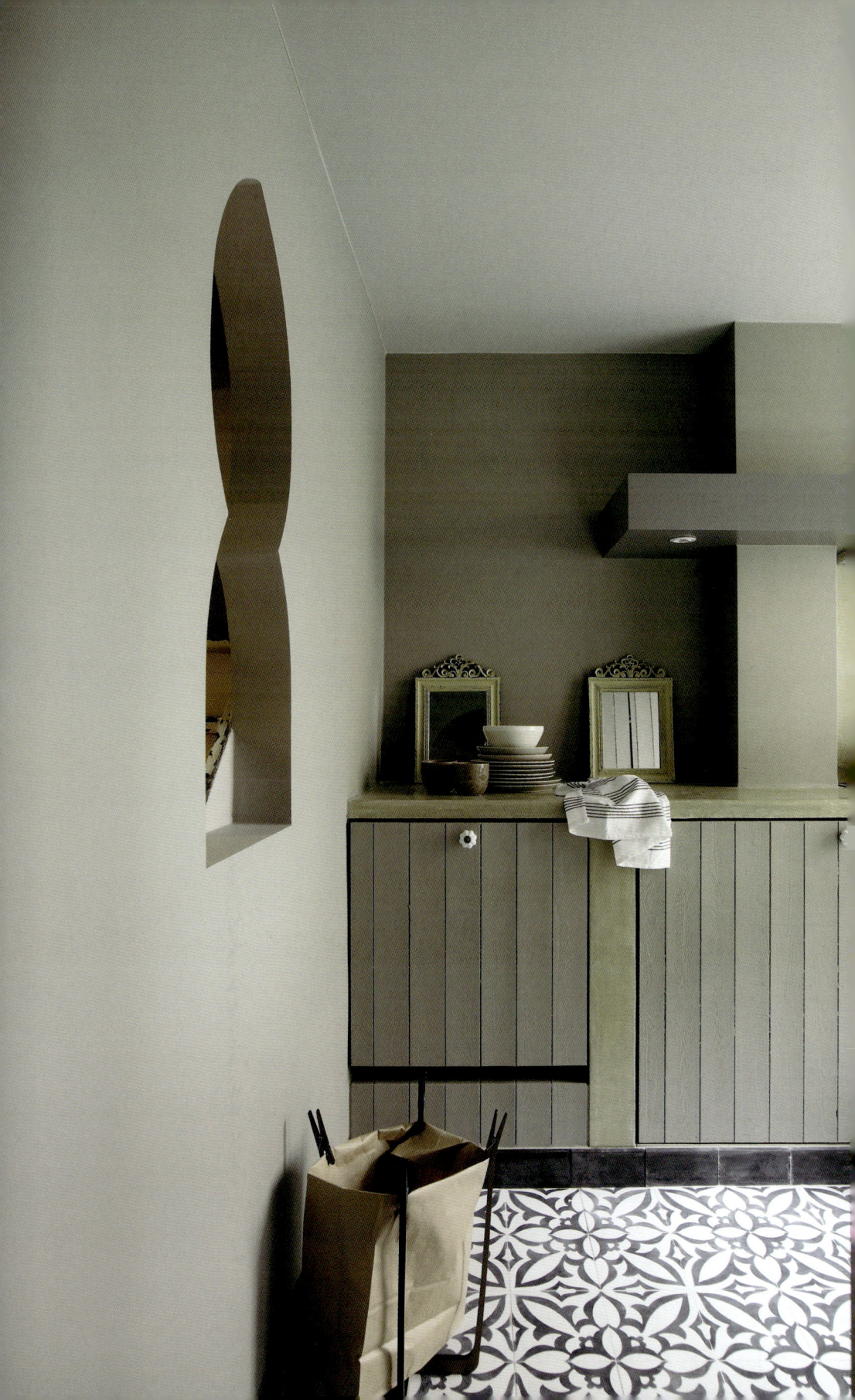

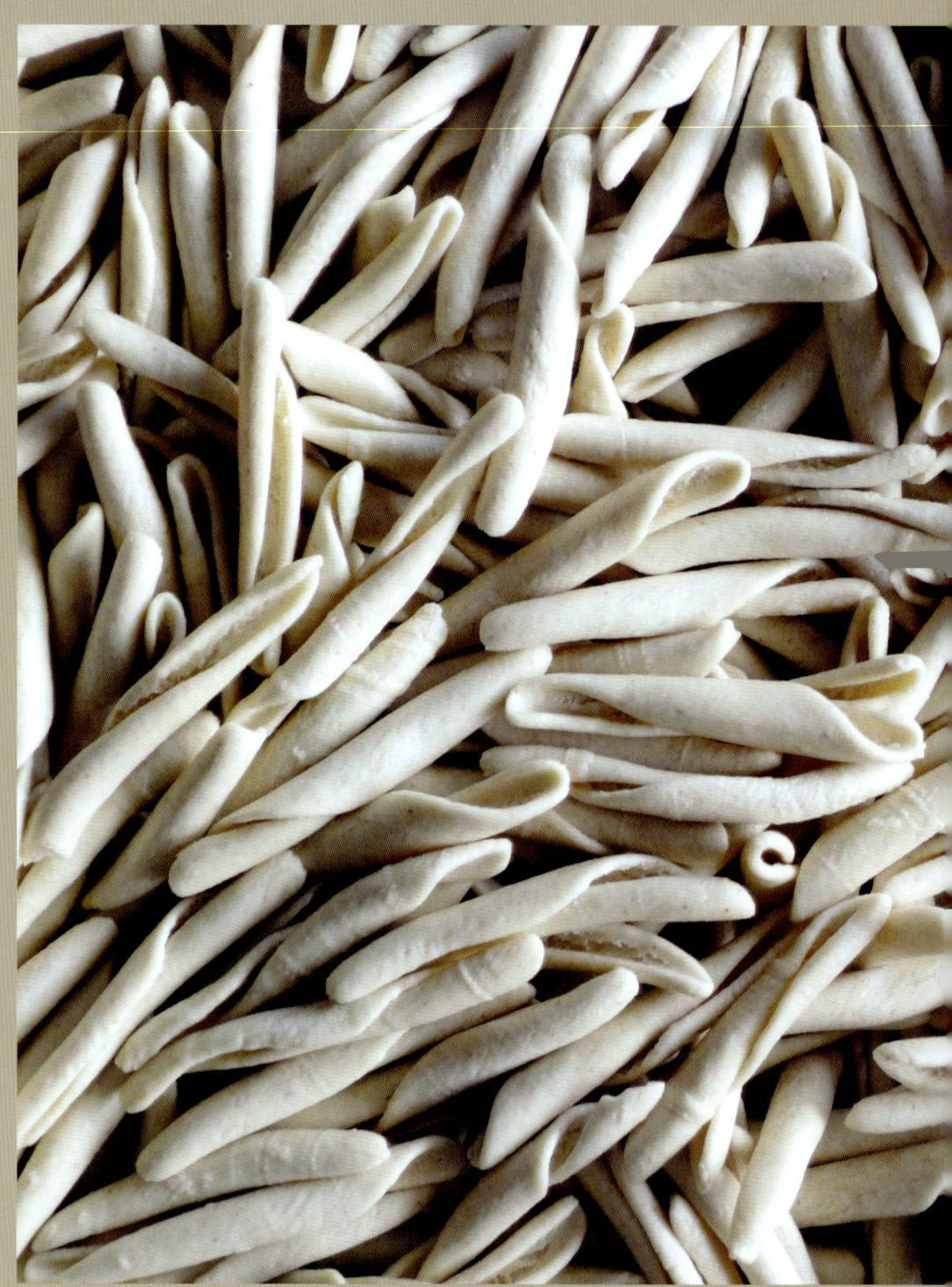

CM 69 pitta bread

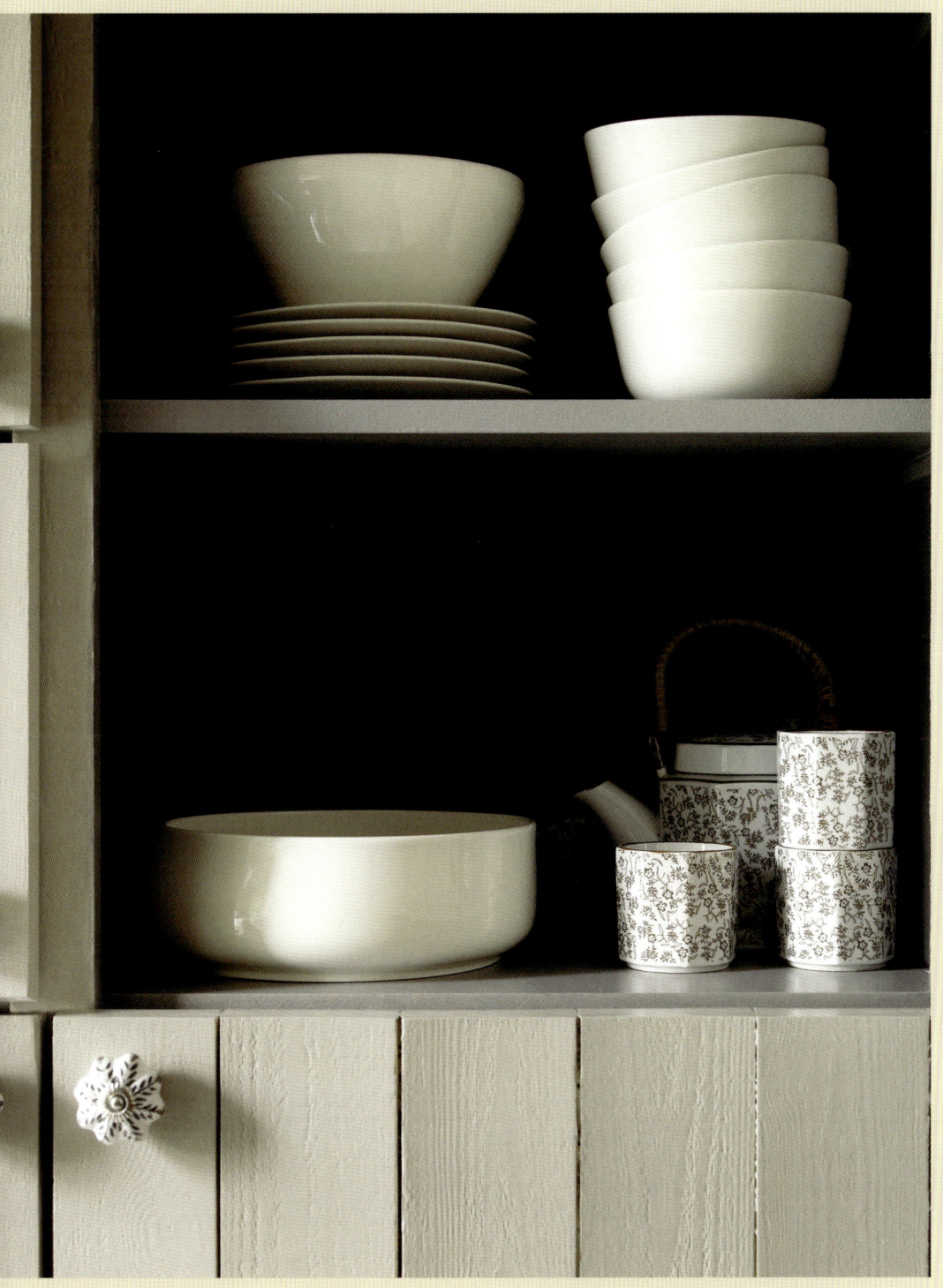

CM 84 dune sand

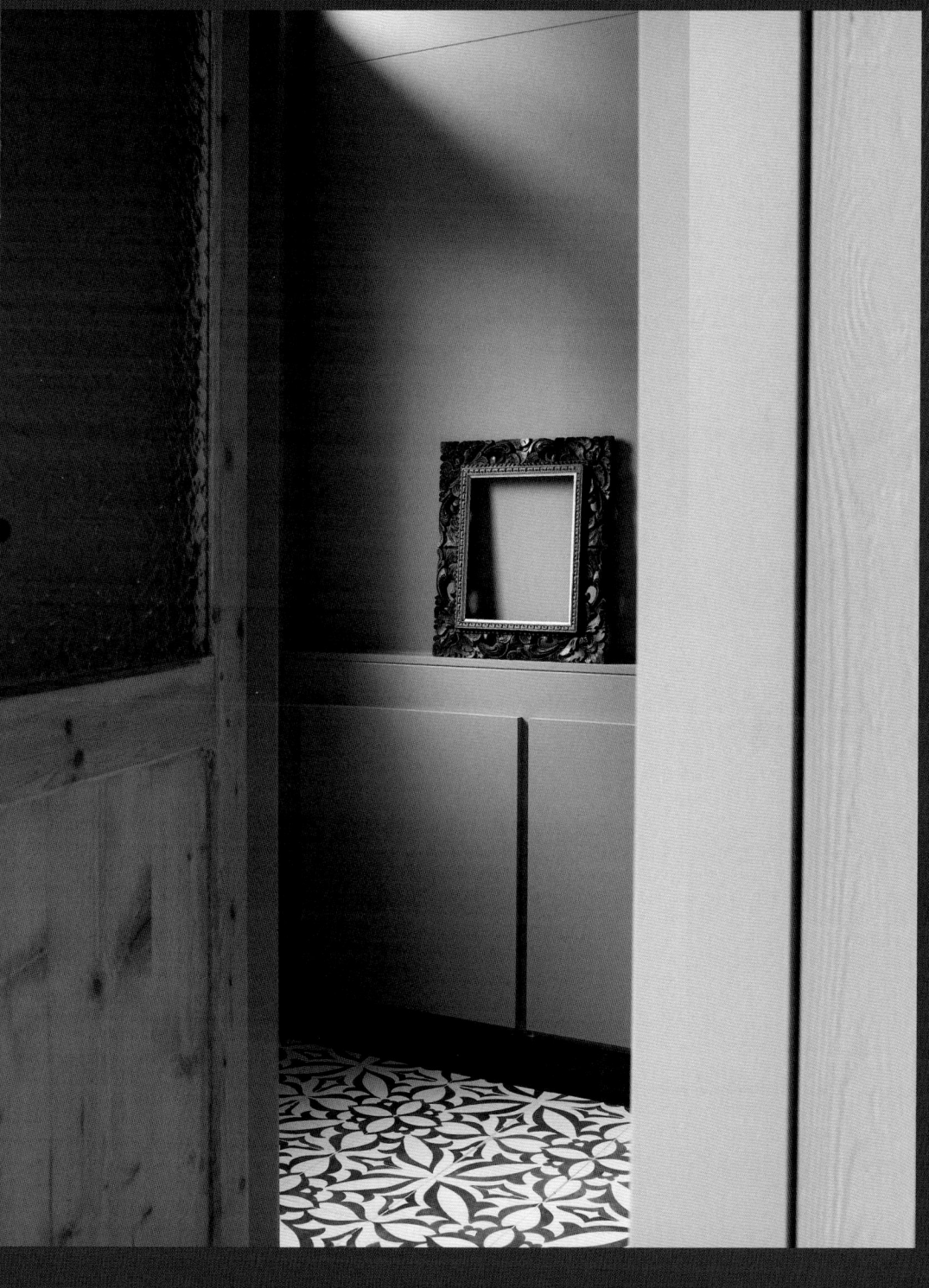

Zachte ton sur ton tinten van gewassen linnen, bestemd voor gordijnen, kussens en fauteuils, vormen een mooie aanvulling voor de aanwezige kleuren en weten deze subtiel te accentueren.

De douces teintes ton sur ton de lins lavés, destinés aux rideaux, coussins et fauteuils, complètent et mettent subtilement en valeur les couleurs présentes.

Soft shades of washed linen for the drapes, cushions and easy chairs complement and subtly emphasize the existing colors.

Die zarten Farben von verwaschenem Leinen, Ton in Ton, sind für Vorhänge, Kissen und Sessel gedacht und runden damit die bisherigen Farbtöne ab und werten sie gleichzeitig auf.

CM 107 cabana shingle

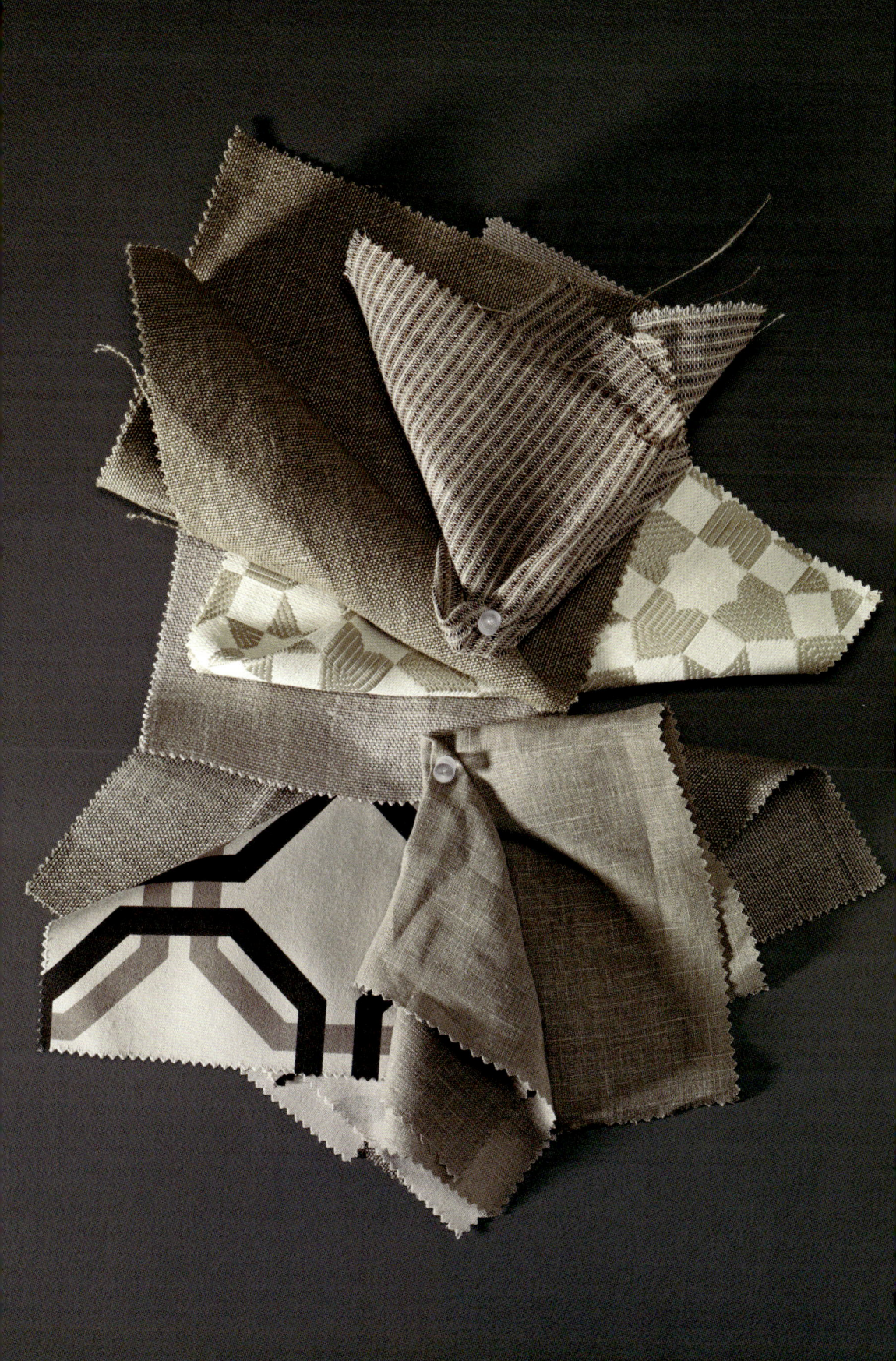

CM 105 aged teak

Contemporary Country Life

In een Vlaamse uithoek, daar waar de tijd bleef stilstaan, ligt de paradijselijke boerderij van Geert Pattyn verborgen. Van hieruit runt de bloemsierkunstenaar zijn hectische internationale carrière die hem zowat overal ter wereld brengt. Hoewel hij hoge toppen scheert, straalt zijn thuis dezelfde nuchterheid uit die ook zijn persoon kenmerkt. Geen tierlantijnen, maar robuuste meubelen en een sobere eiken vloer. Met zijn bijzondere kleurenharmonie van grijzen, blauwen en warm oranjerood wist Chris Mestdagh dat rustgevoel te updaten en naar een hoger, eigentijdser niveau te tillen.

Dans un coin perdu de Flandres, où le temps semble suspendu, se niche la ferme paradisiaque de Geert Pattyn. C'est d'ici que l'artiste floral dirige sa carrière internationale mouvementée qui le mène aux quatre coins du monde. Bien qu'il s'élève aux plus hauts sommets, il émane de sa maison le même enracinement qui lui est propre.
Pas d'ornements superflus. Mais de robustes meubles et un sobre parquet en chêne. Grâce à l'harmonie des couleurs gris, bleus et de rouges oranges gorgés de chaleur, Chris Mestdagh remet au goût du jour ce sentiment de paix et l'élève à un niveau supérieur, plus contemporain.

Geert Pattyn's heavenly farm is nestled in a backwater of Flanders where time seems suspended. This is where the floral designer manages a turbulent international career that has led him to the far corners of the earth. Though he has reached the highest summits, his house exudes the same grounding that he does. No superfluous ornaments; just robust furniture and a clean oak floor. Thanks to a harmony of grays, blues and red oranges overflowing with color, Chris Mestdagh has updated the feeling of peace and taken it to new, more contemporary heights.

In einem versteckten Ort in Flandern, wo die Zeit stillsteht, befindet sich der paradiesische Gutshof von Geert Pattyn. Von hier aus steuert der Blumenkünstler seine bewegte, internationale Karriere, die ihn zu verschiedensten Ecken der Welt führt. Auch wenn er sich zu den höchsten Gipfeln hochgearbeitet hat, geht von seinem Haus die gleiche Verwurzelung aus, die auch er in sich trägt. Keine überflüssigen Verzierungen. Nur robuste Möbel und ein schlichtes Eichenparkett. Dank der harmonischen Grau-, Blau- und warmen Orangerottöne passt Chris Mestdagh dieses Gefühl des inneren Friedens dem heutigen Zeitgeschmack an und hebt es auf eine höhere, zeitgenössischere Ebene.

CM 42 green tea

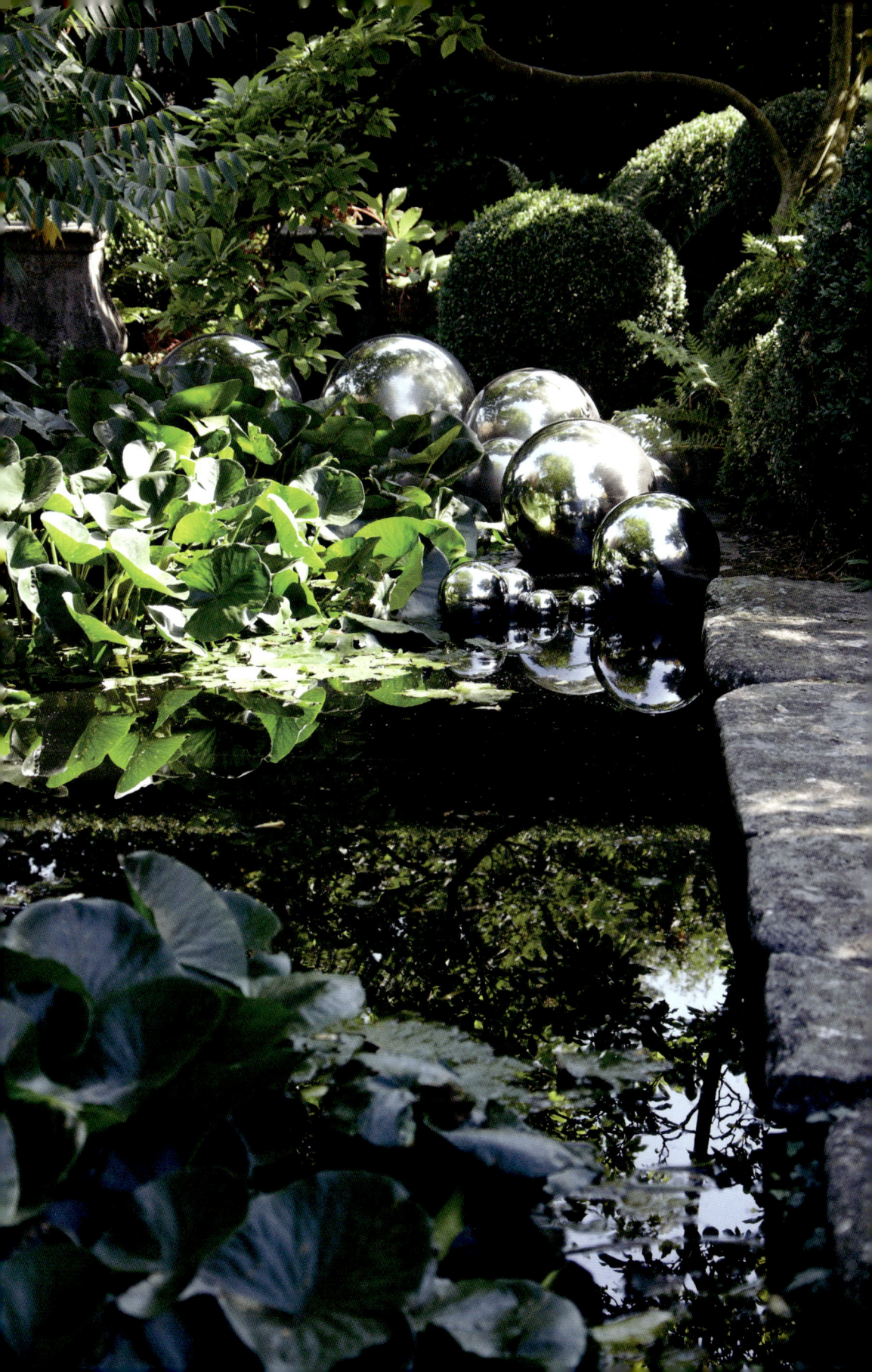

CM 107 cabana shingle

CM 113 beach sand

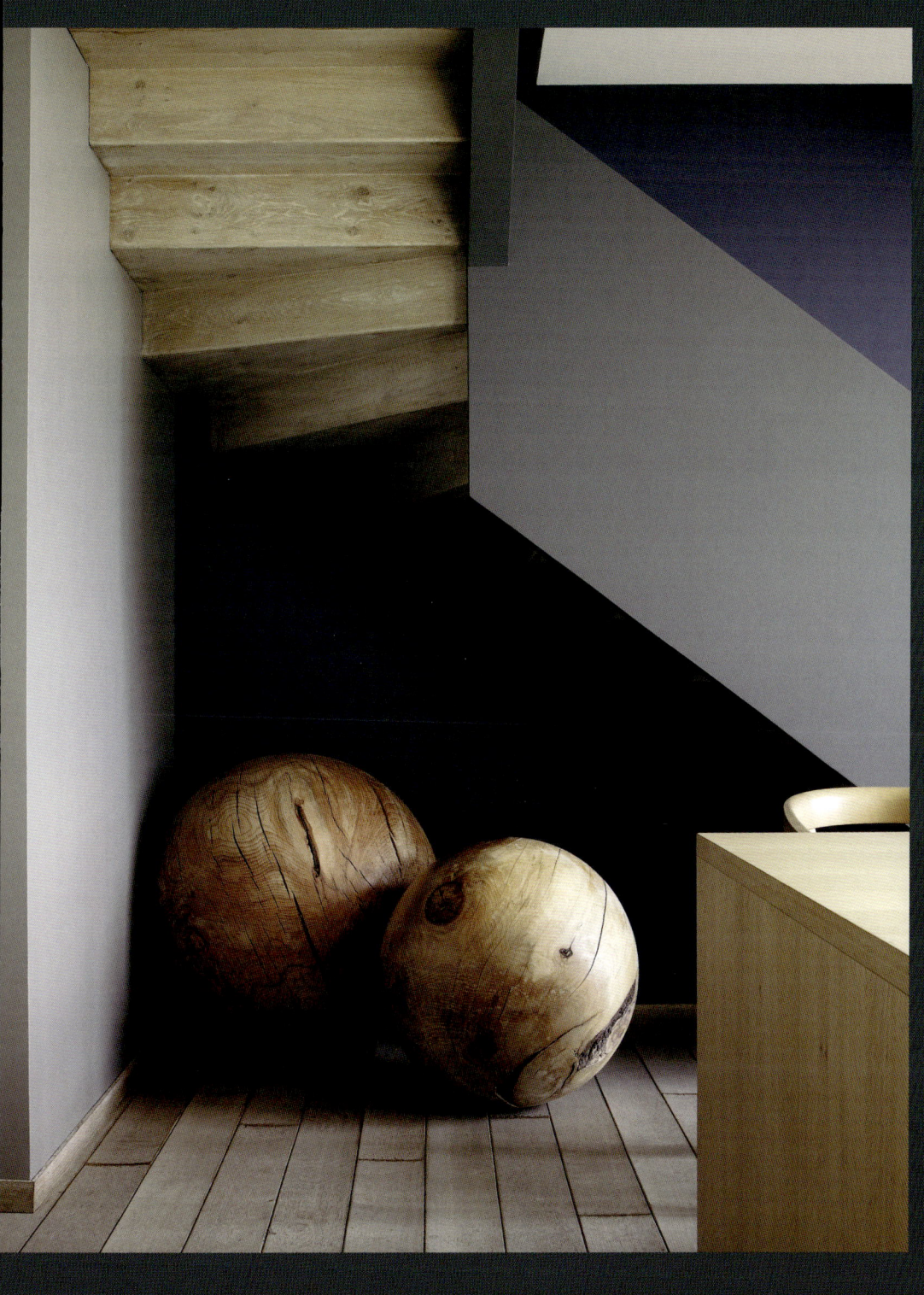

CM 11 wet sand

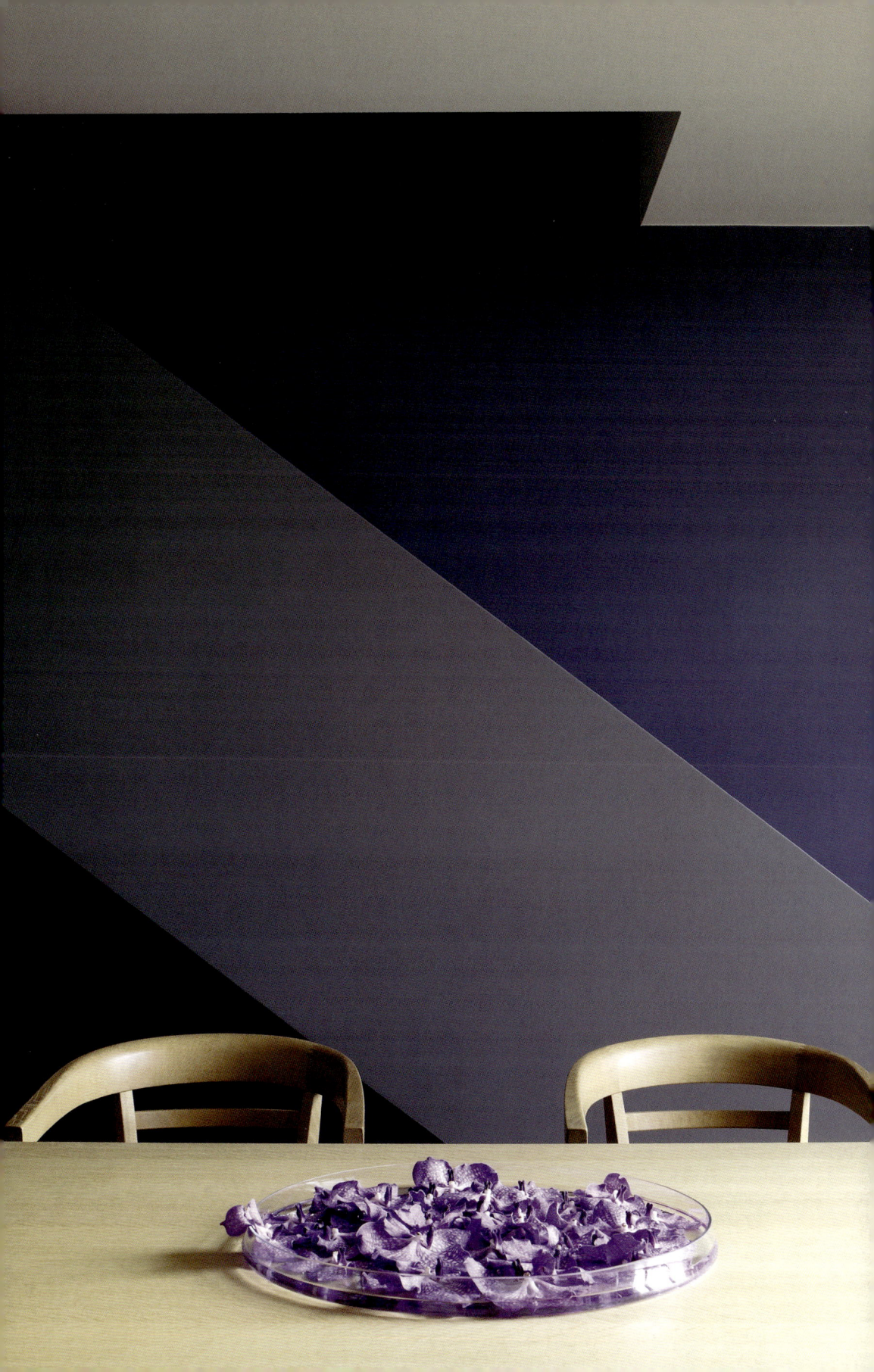

CM 121 deep midnight

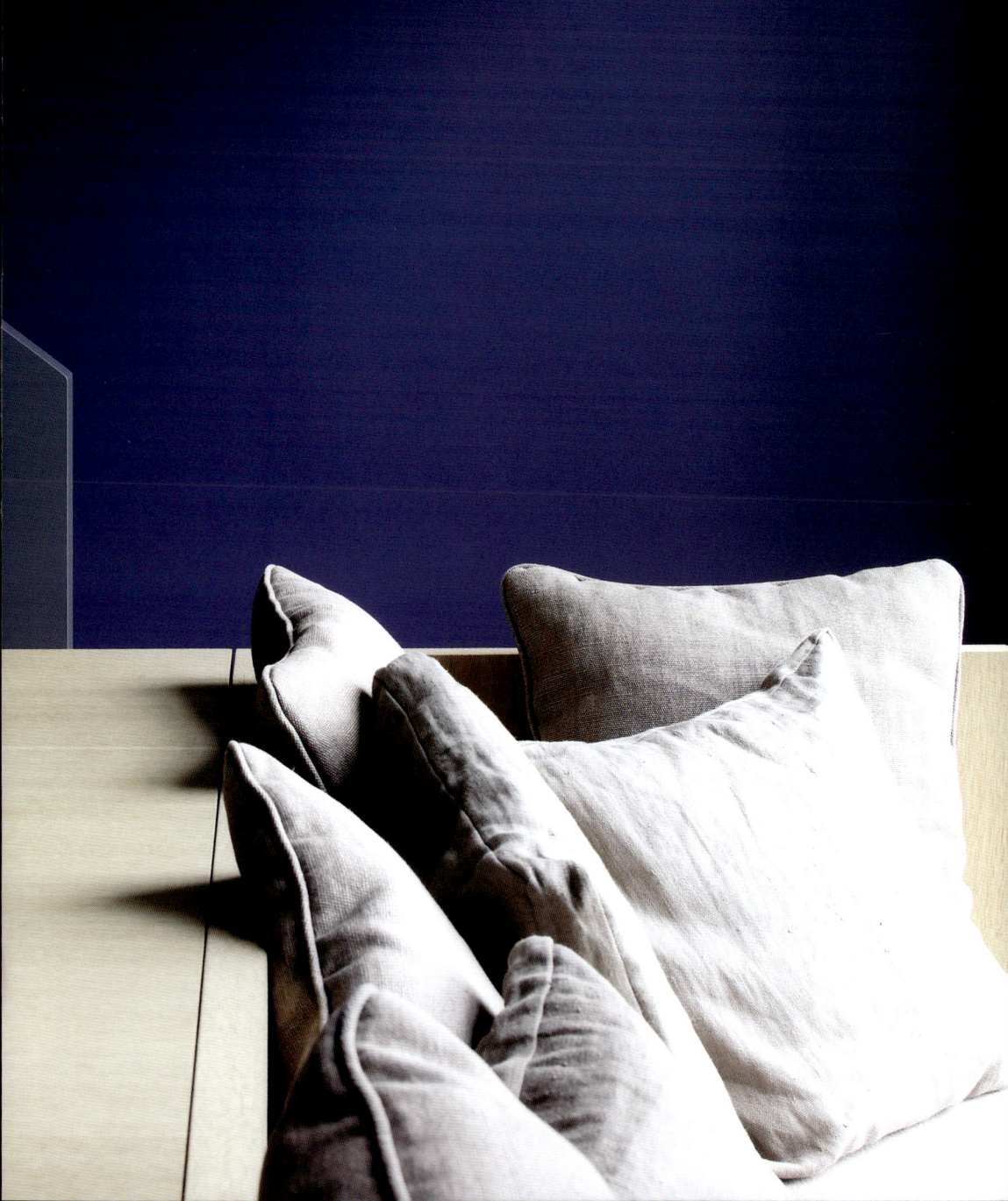

CM 59 love in passion

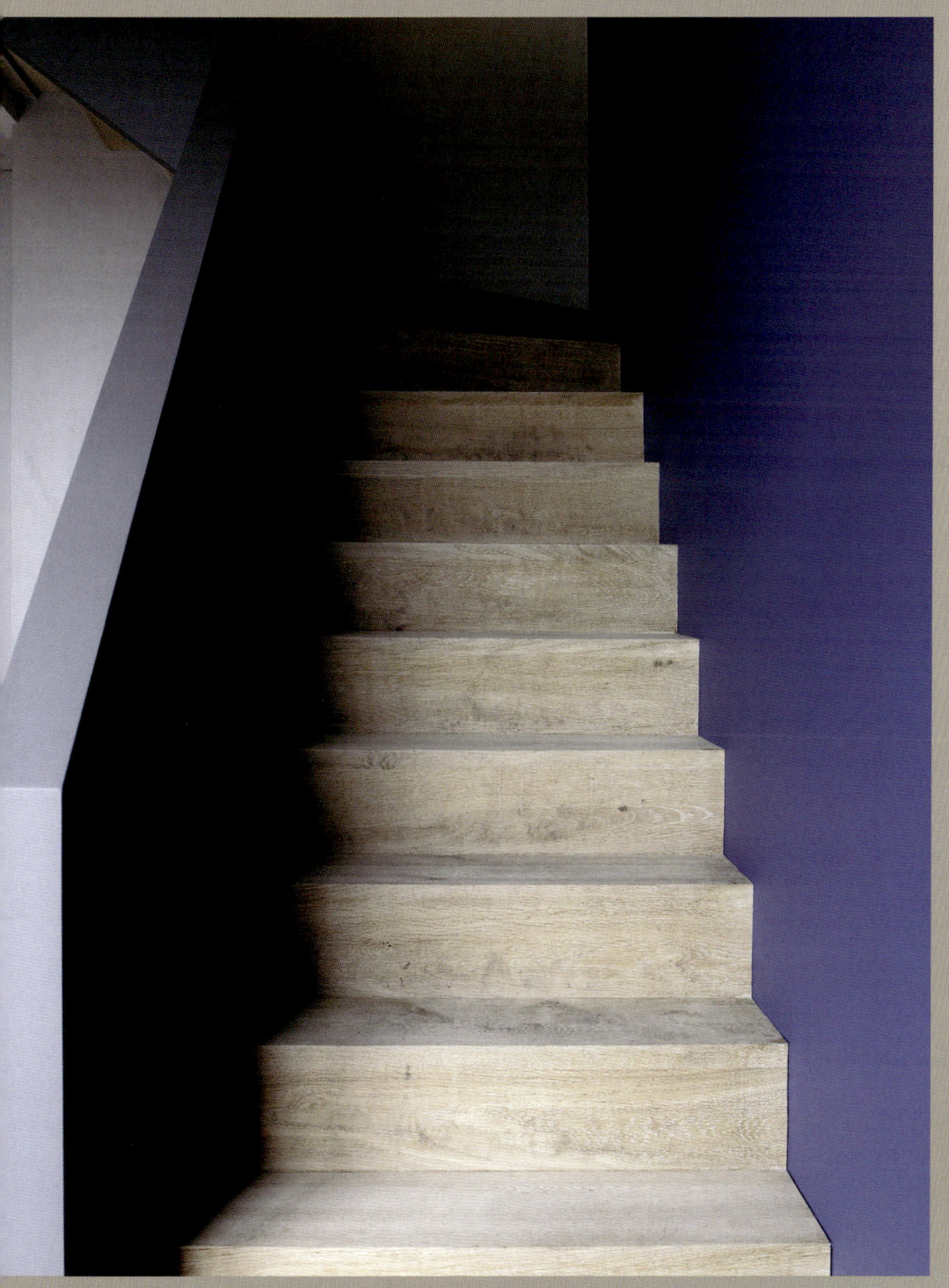

CM 84 dune sand

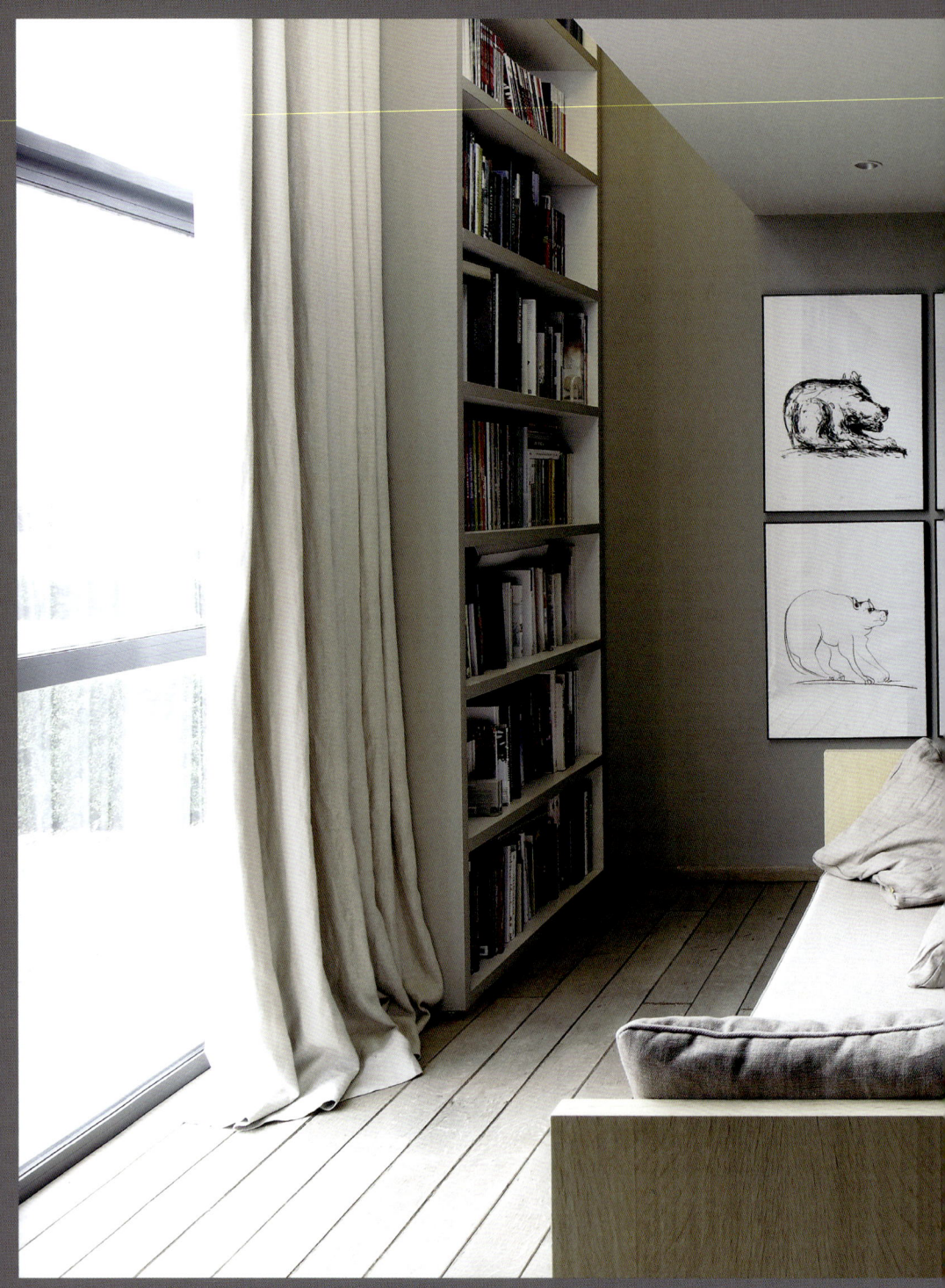

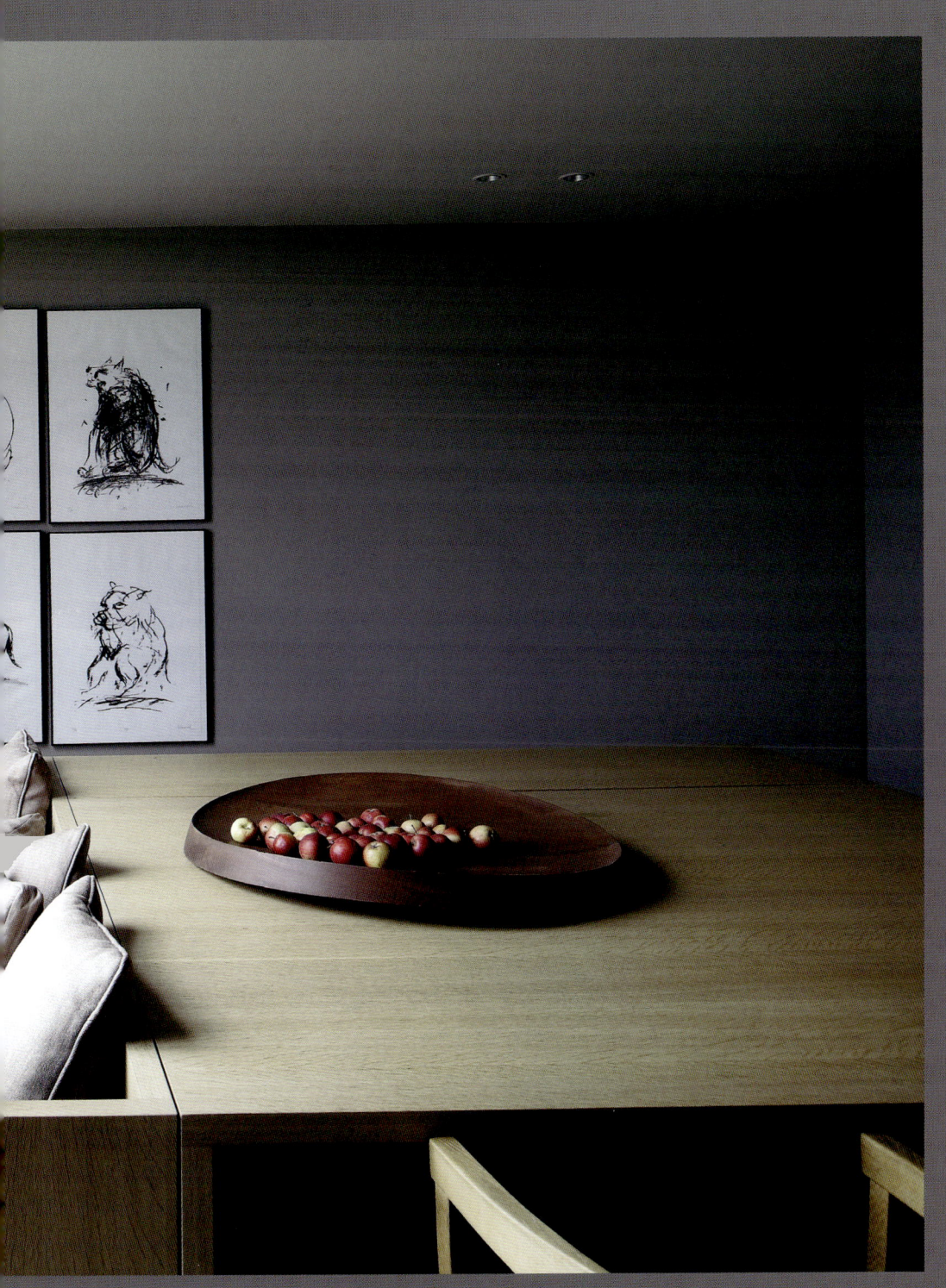

CM 88 kanna

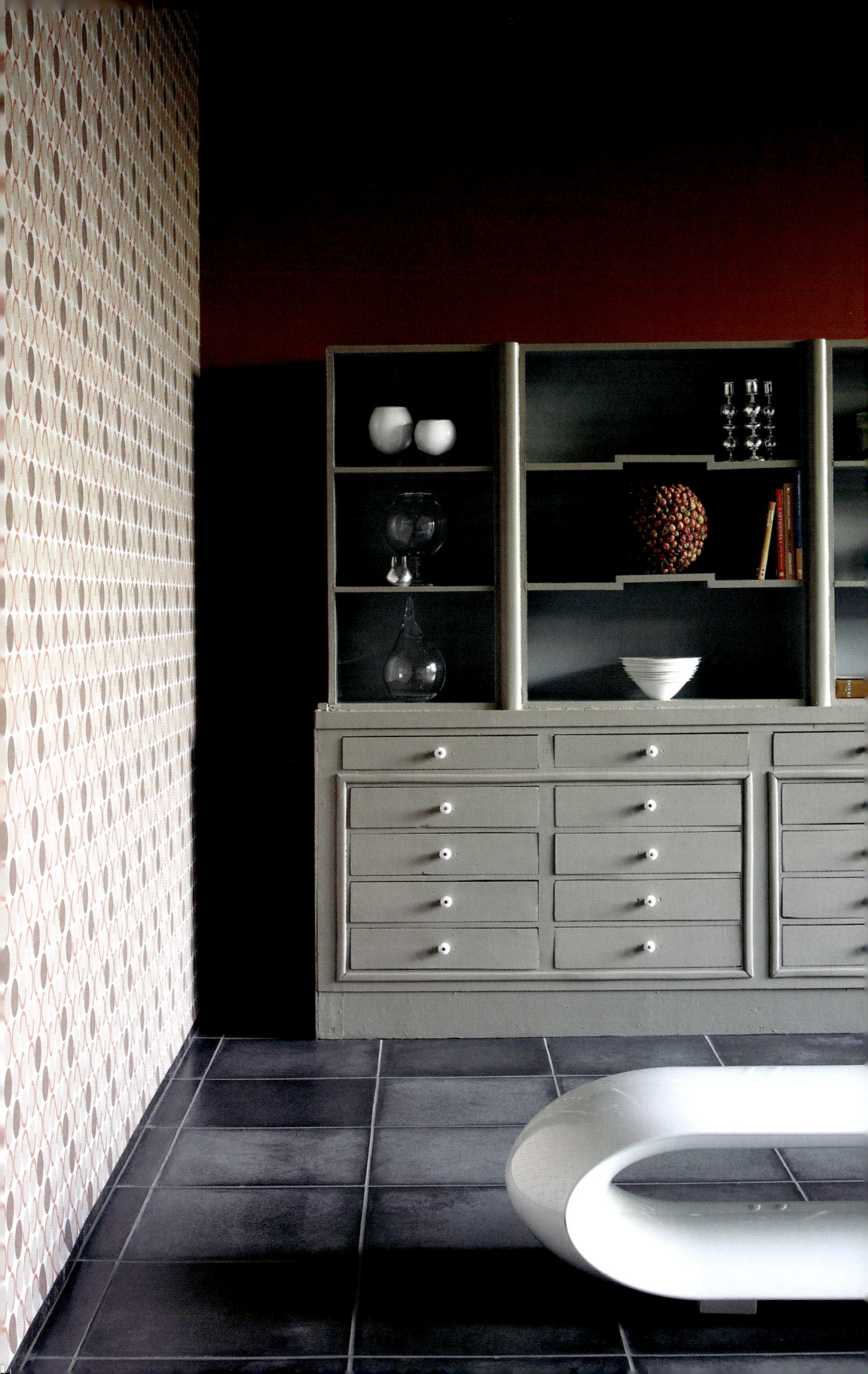

CM 108 clam shell

CM 03 mocca-rocca

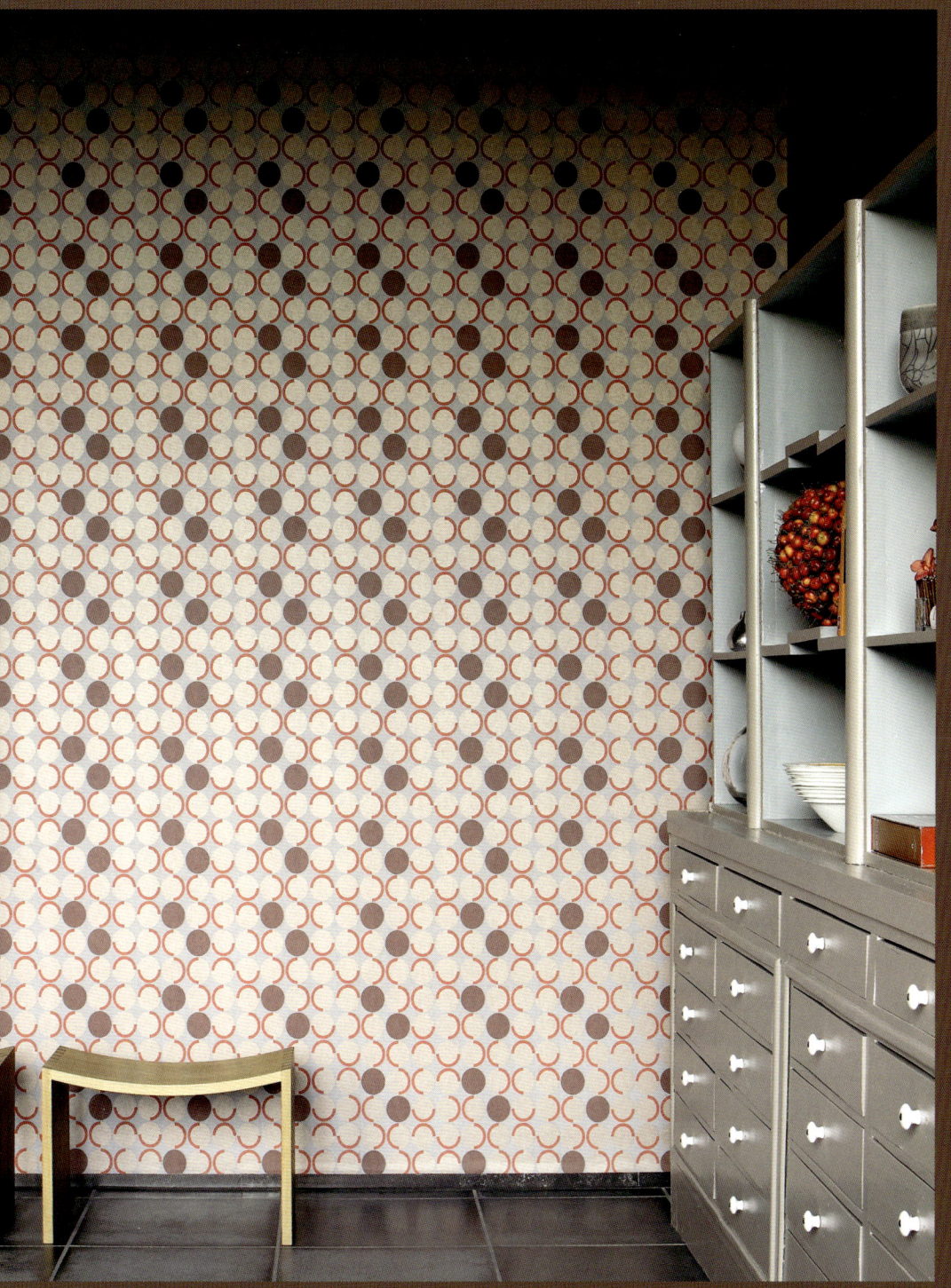

CM 37 hot chocolate

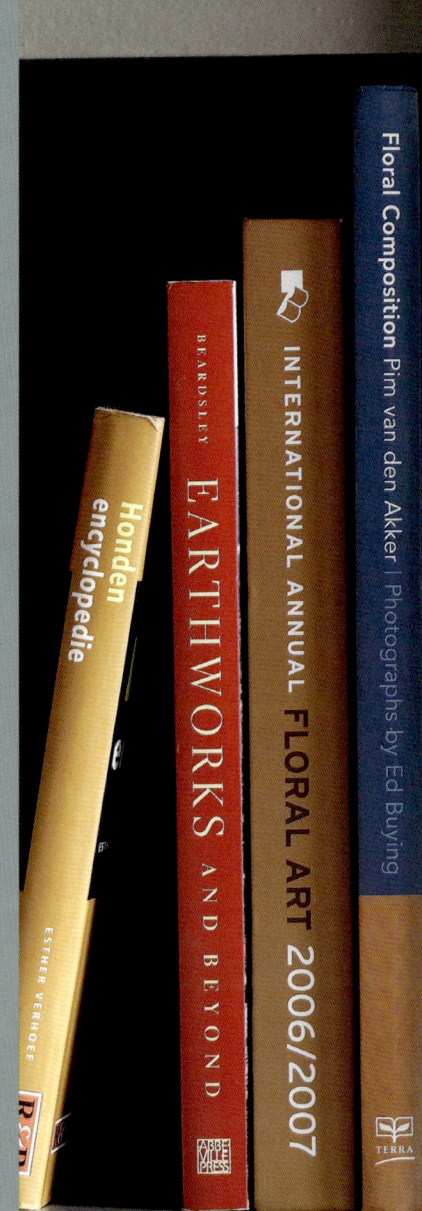

CM 118 lily pond water

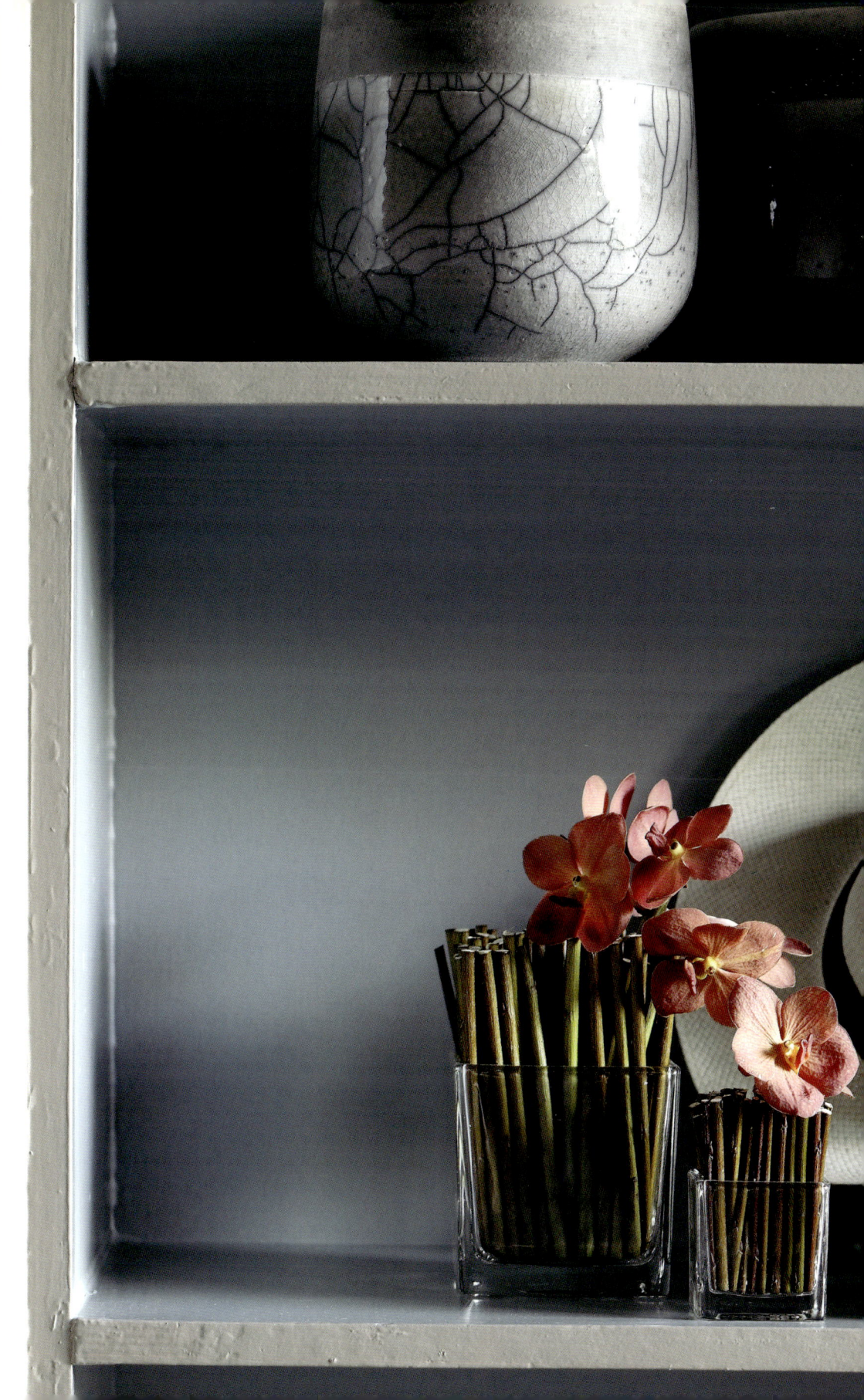

Van behangpapier en verven over meubelstoffen en kussens tot gordijnen. Wees consequent en dompel je hele huis in dezelfde sfeer onder. Alleen zo creëer je rust.

Du papier peint aux peintures en passant par les tissus pour le mobilier et des coussins aux rideaux. Soyez cohérent et plongez votre maison entière dans la même atmosphère. C'est la façon la plus sûre de recréer du calme.

From the wallpaper to the paint, passing by the fabric for the furniture, cushions, and drapes. Be coherent and immerse your whole house in the same atmosphere. That is the most certain way to recreate a sense of calm.

Von Tapeten über Farbanstriche bis hin zu Stoffen für Möbelstücke, Kissen und Vorhänge. Richten Sie Ihr ganzes Heim mit einem homogenen Flair ein, um den roten Faden nicht zu verlieren. Das ist die sicherste Art und Weise, in den eigenen vier Wänden Ruhe einkehren zu lassen.

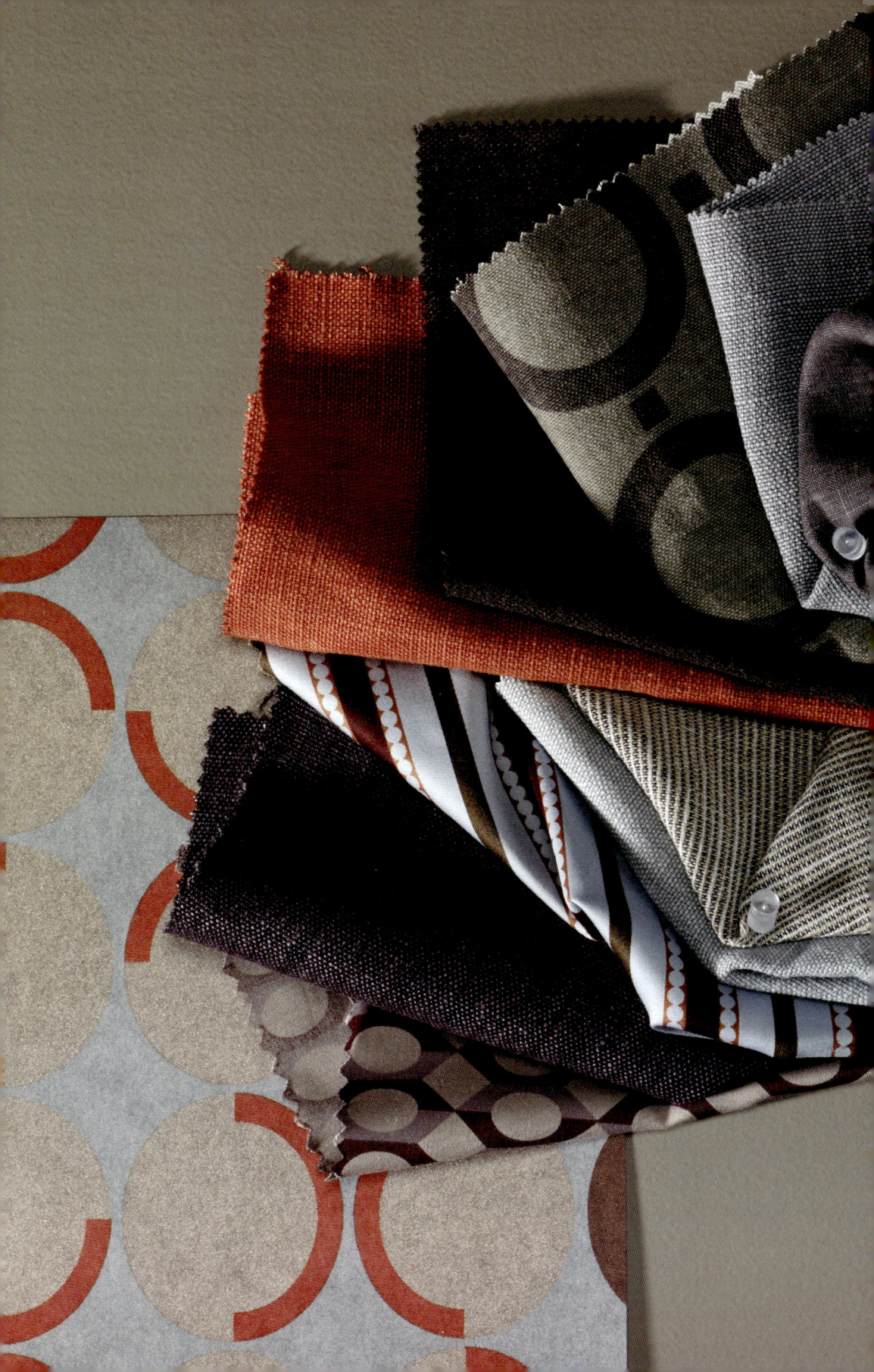

CM 50 florence clay

Rustic Rurality

Niets zo heerlijk als eindeloos in een hypnotiserend haardvuur te staren en jezelf te verliezen in de vlammen. De donkere, verticale behanglijnen die de open haard omarmen, reflecteren de stralende energie van het vuur en laten de volledige ruimte baden in die warme, intense gloed. Een etage hoger, in de slaapkamer op zolder, primeren zachte wittonen en beige nuances. Het ideale recept voor een heerlijke nachtrust.

Rien n'est plus agréable que de contempler infiniment un feu ouvert et de s'évader dans le jeu des flammes. Les lignes verticales, sombres du papier peint qui entourent le feu ouvert, reflètent l'énergie rayonnante du feu et laissent baigner l'espace entier dans cette intimité intense et chaude. Dans la chambre à coucher au grenier, de doux tons de blancs et des nuances beiges priment. C'est la recette idéale pour un exquis repos nocturne.

Nothing is better than contemplating an open fire at length and losing oneself in the play of the flames. The dark vertical lines of the wallpaper around the open hearth reflect the energy radiating from the fire and bathe the entire space in an intense, warm intimacy. In the attic bedroom, soft shades of white and beige rule. It is the ideal recipe for exquisite nighttime repose.

Nichts ist angenehmer als unendlich lange ein offenes Feuer zu betrachten und sich im Spiel der Flammen zu verlieren. Die senkrechten, dunklen Linien der Tapete, die das offene Feuer umgeben, spiegeln seine strahlende Energie wider und durchfluten den Raum mit einer warmen, intensiven Behaglichkeit. Im Schlafzimmer auf dem Dachboden sind zarte Weiß- und Beigetöne vorherrschend. Das ideale Rezept für eine angenehme Nachtruhe.

CM 119 atlantic ocean

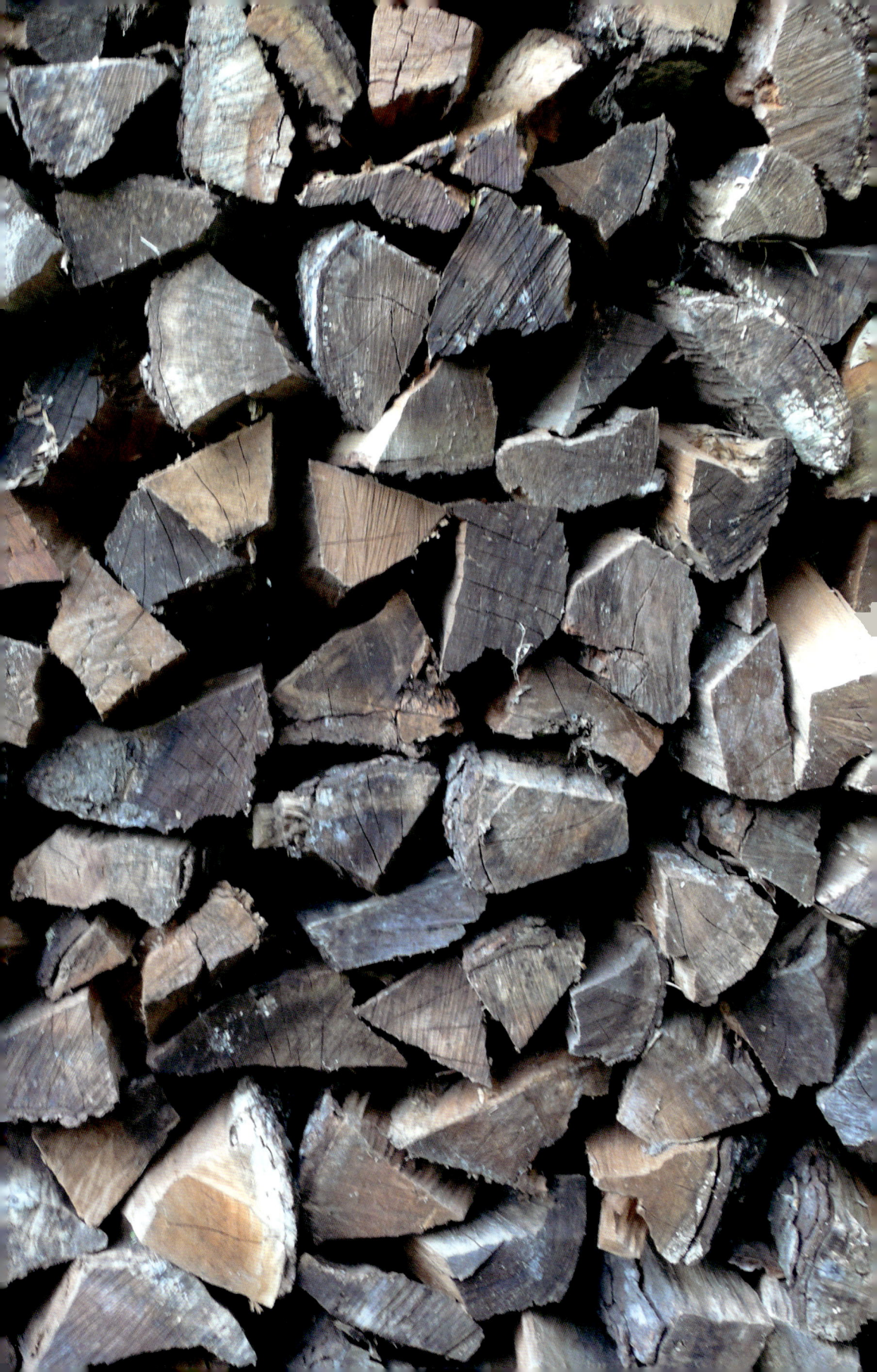

CM 10 clay ground

CM 02 cacao-nib

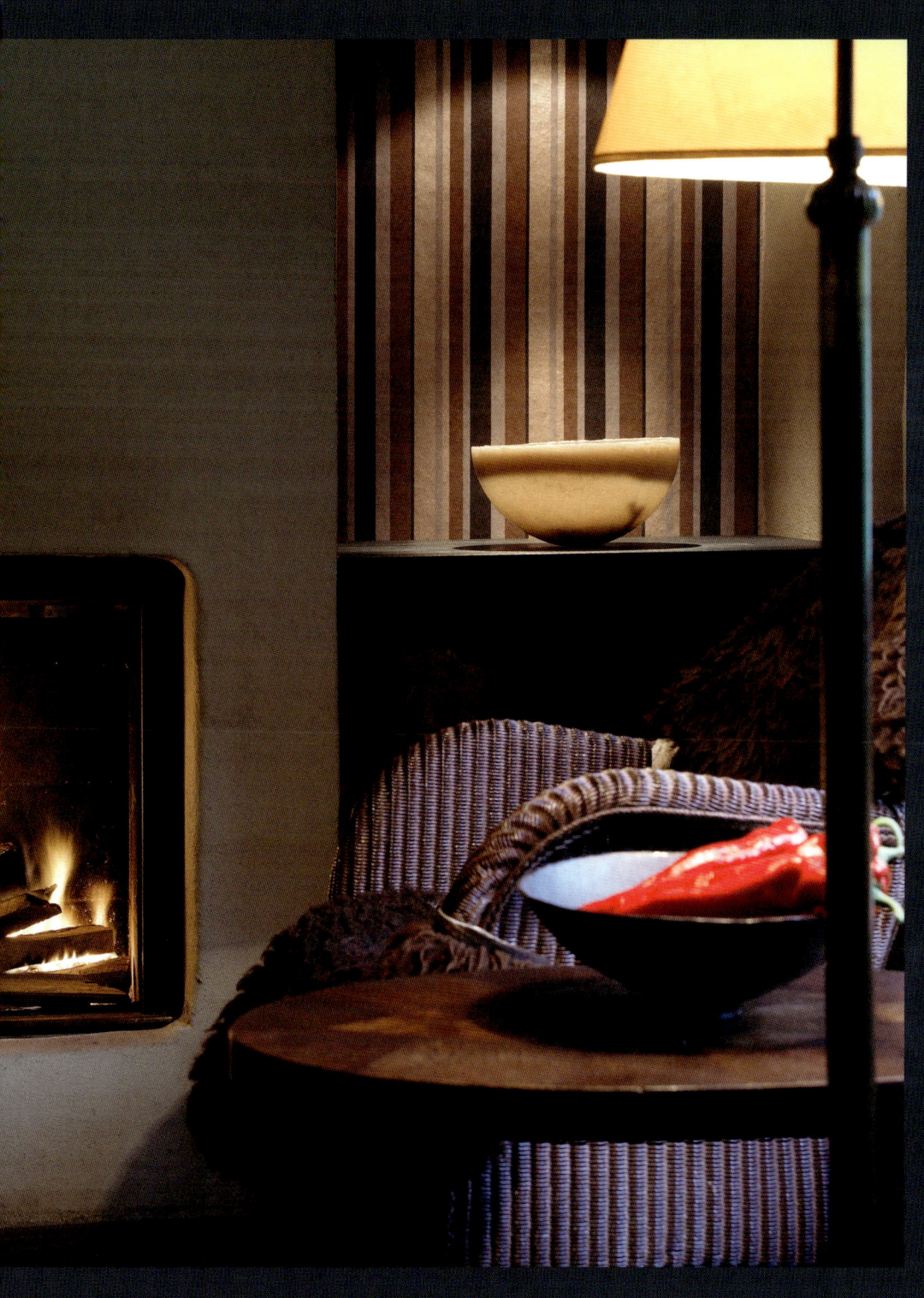

CM 13 black coffee

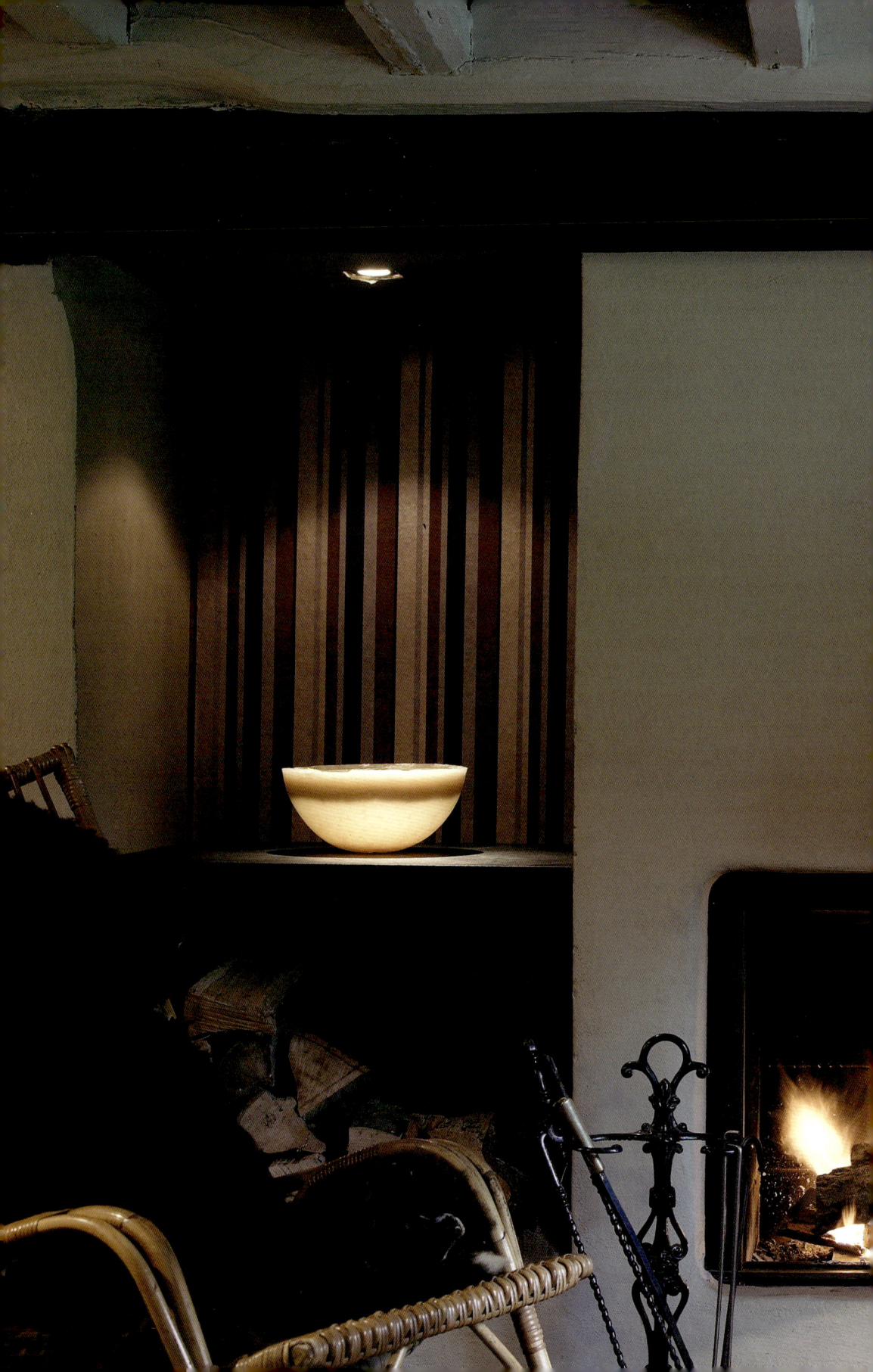

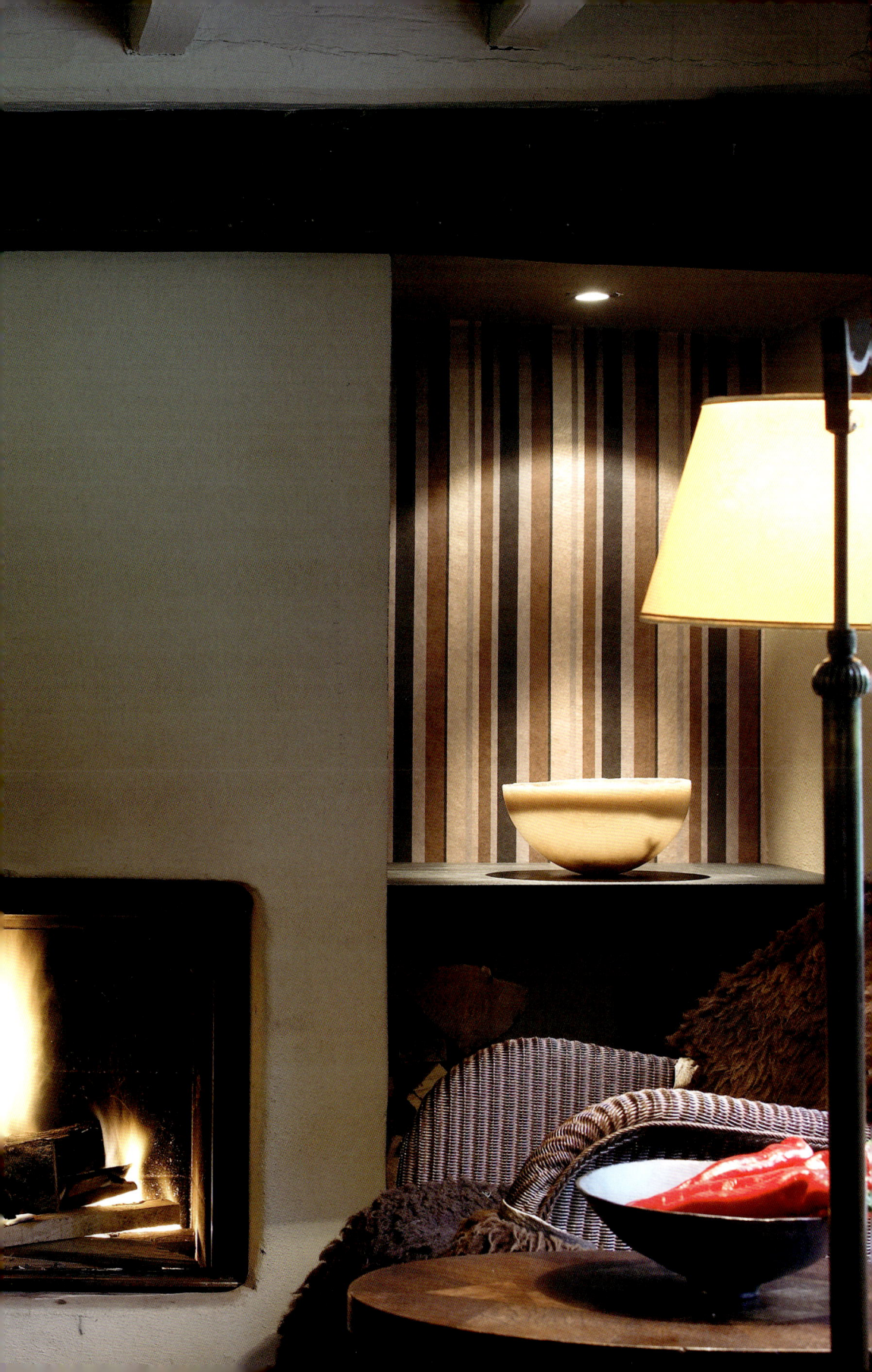

CM 67 tagliatelle

CM 69 pitta bread

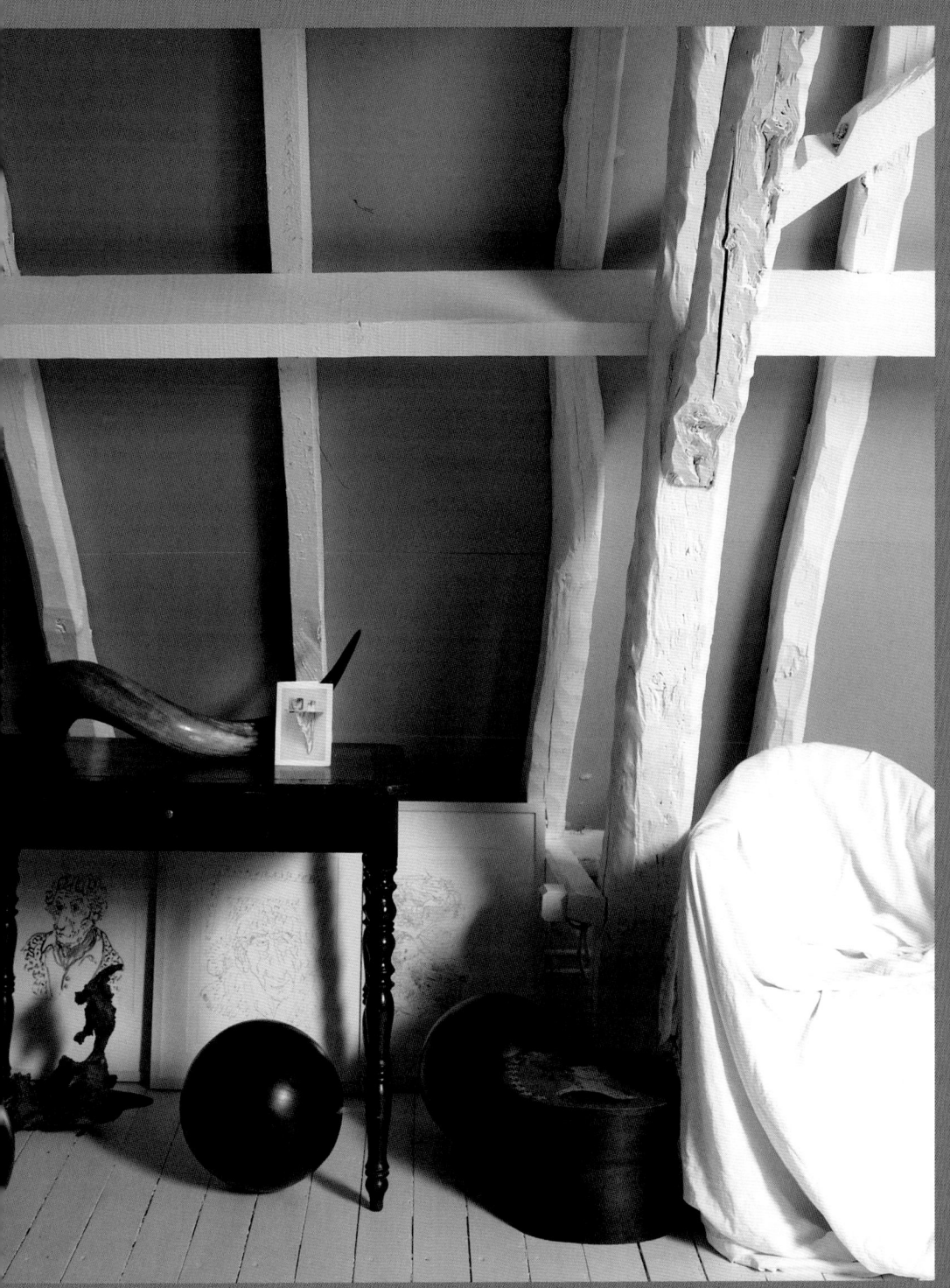

CM 09 natural linen

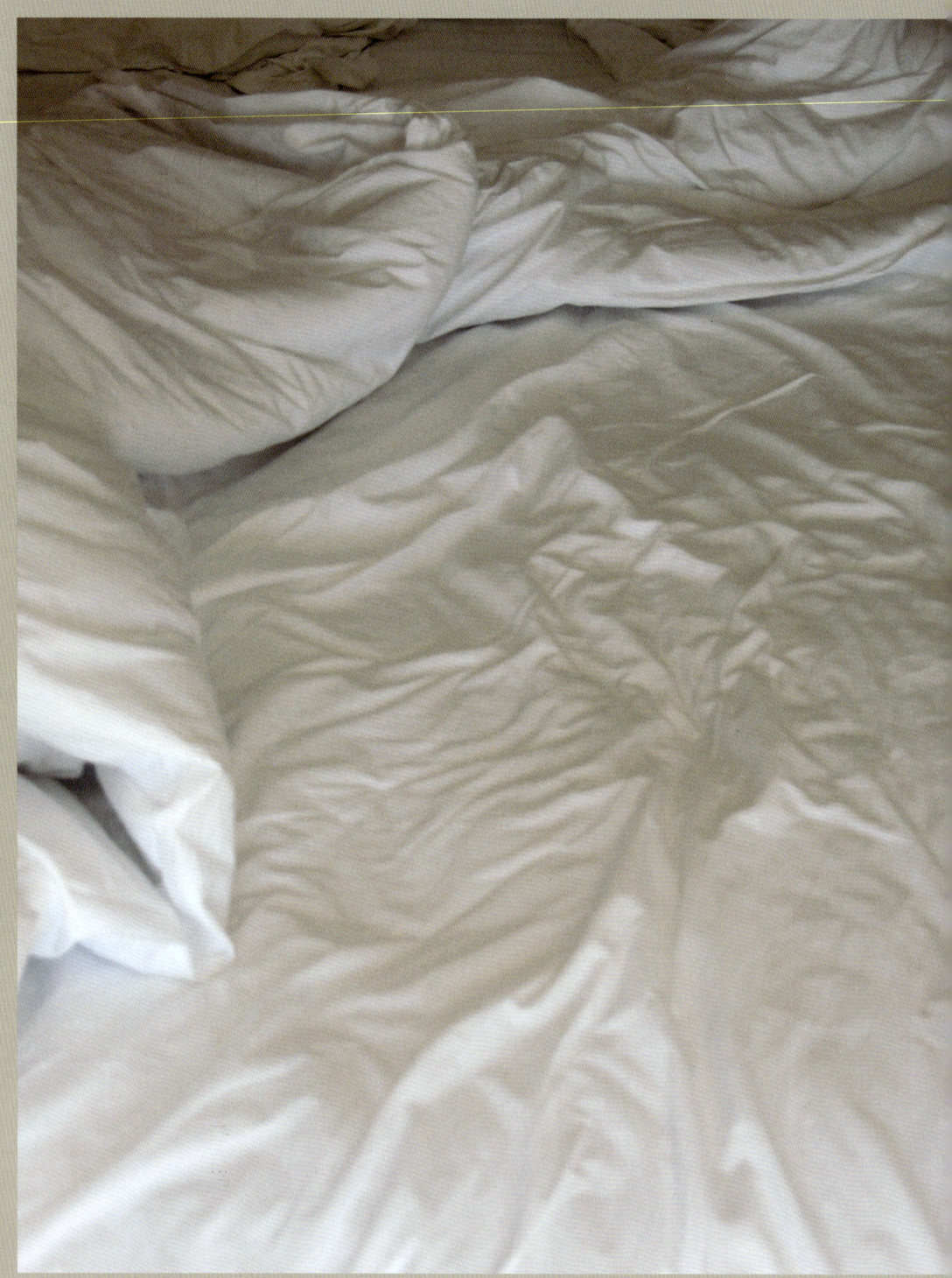

CM 22 low tide

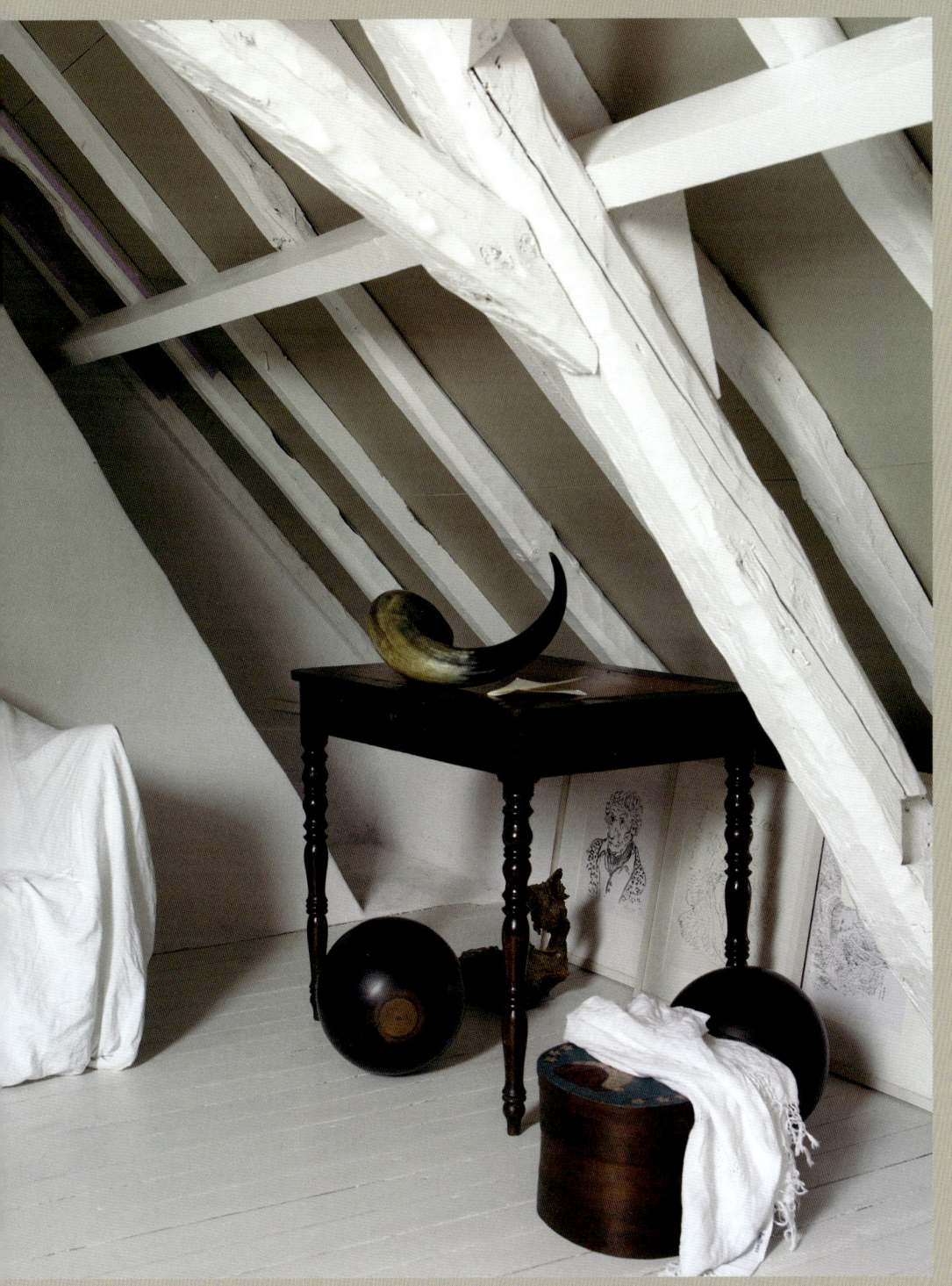

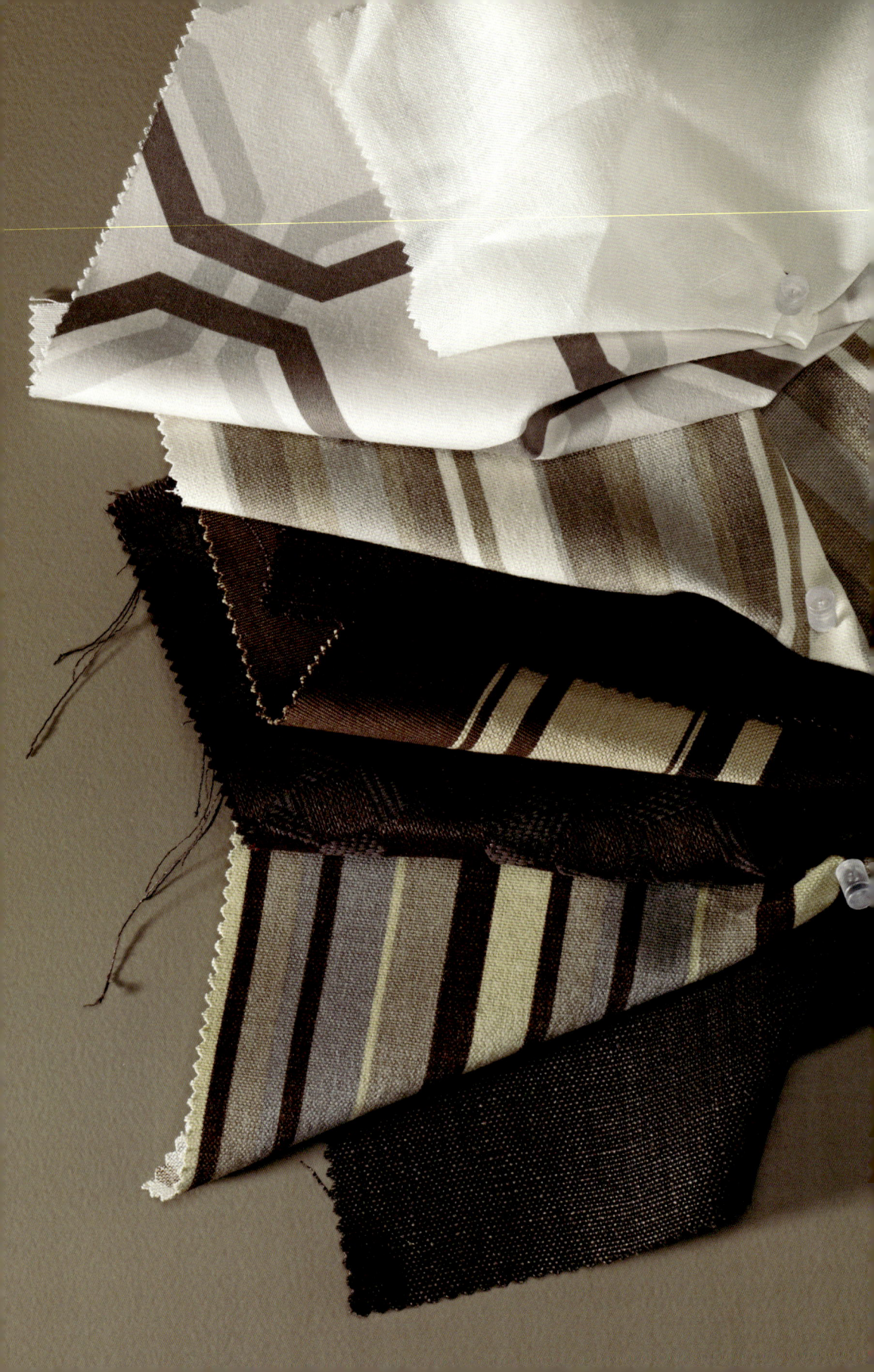

Energiestrepen in transparant linnen of eenvoudig katoen, discrete jacquards en opvallende geometrische motieven. Wie, net als de bewoners van dit pand, een koel hoofd met een warm hart combineert, vindt rust in contrasten.

Des rayures énergiques en lin transparent ou en simple coton, des jacquards discrets et des motifs géométriques voyants. Celui qui, tout comme les habitants de ce lieu, combine une tête froide et un cœur chaud, trouvera le calme dans les contrastes.

Energizing stripes in transparent linen or simple cotton, discrete jacquards and showy geometric patterns. Like the inhabitants of this place, the person who can combine cold reason with a warm heart will find calm in these contrasts.

Schwungvolle Streifenmuster auf transparentem Leinen oder schlichter Baumwolle, dezente Jacquardmuster und auffallende geometrische Motive. Diejenigen, die einen kühlen Kopf und ein warmes Herz haben wie diese Ortsbewohner, werden Ruhe im Kontrastreichtum finden.

CM 55 muddy swamp

CM 115 sea grass

Travel Notes

Koester mooie momenten door kleurherinneringen in je interieur te verwerken, een mix van culturen in perfecte balans met elkaar. Marokkaanse munt op de keukenmuur, zuiders terracotta in de hal, een woonkamer die je doet dromen van Griekse eilanden. Jouw herinneringen, jouw interieur.

Nourrissez des moments précieux en intégrant des souvenirs de couleurs dans votre intérieur, un mélange de cultures en parfait équilibre les unes avec les autres. Menthe marocaine sur les murs de la cuisine, de la terre cuite à la méditerranéenne dans le hall, un living à faire rêver des îles grecques. Vos souvenirs, votre intérieur.

Find inspiration in your precious moments by integrating color souvenirs into your interior; a mixture of cultures in perfect balance with each other. Moroccan mint on the kitchen walls, Mediterranean terra cotta in the hall, a living room to make you dream of the Greek isles. Your memories, your interior.

Pflegen Sie Ihre kostbaren Momente, indem Sie farbenfrohe Erinnerungen in Ihren Wohnraum einbinden und eine ausgewogene Verschmelzung verschiedener Kulturen zulassen. Farbnuancen marokkanischer Minze an den Küchenwänden, mediterranes Flair mit Terrakottatönen in der Eingangshalle und ein Wohnzimmer im Stil griechischer Inseln. Ihre Erinnerungen, Ihr Wohnraum.

CM 26 hunting green

CM 74 vineyard

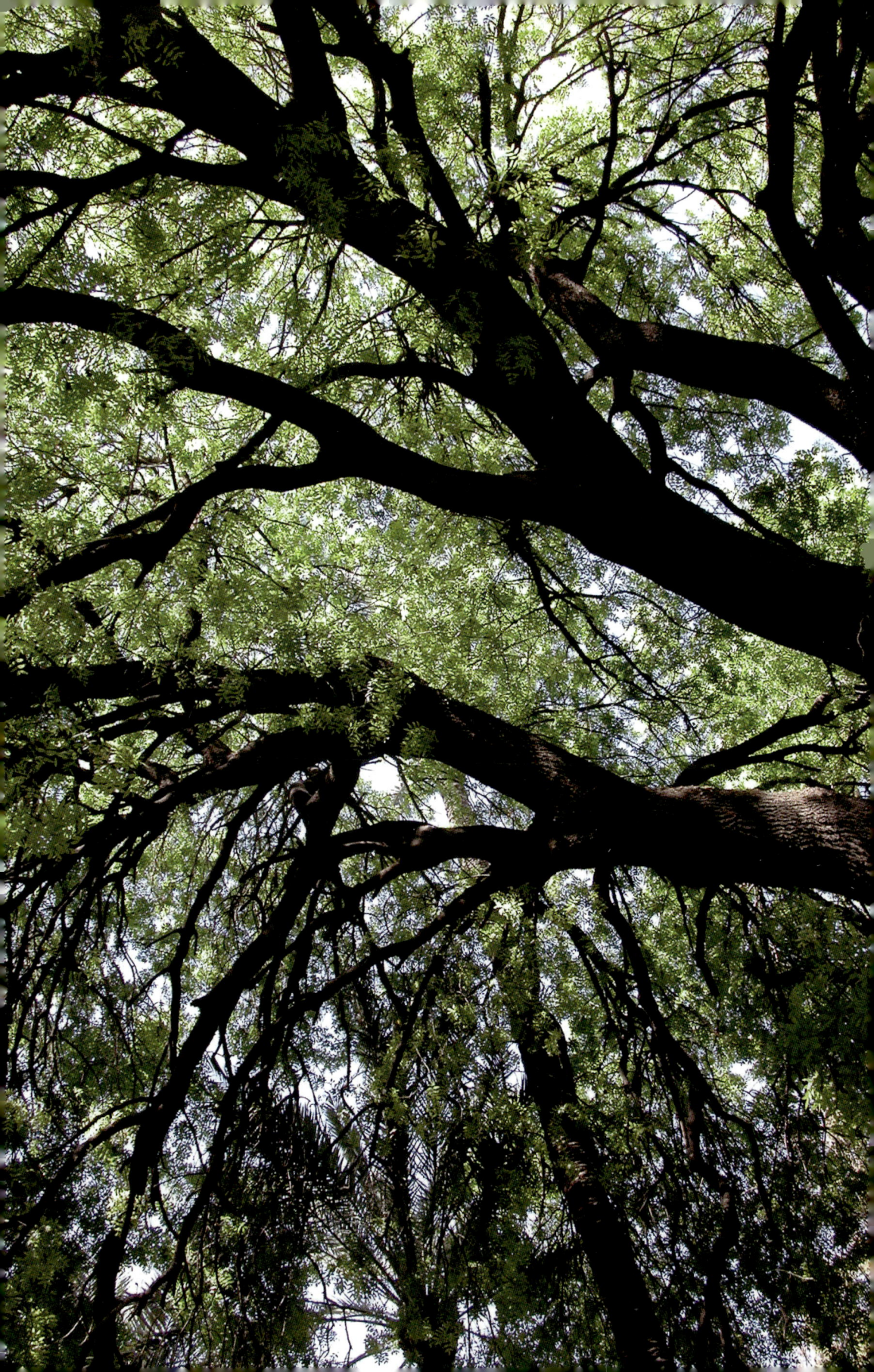

CM 24 seaweed

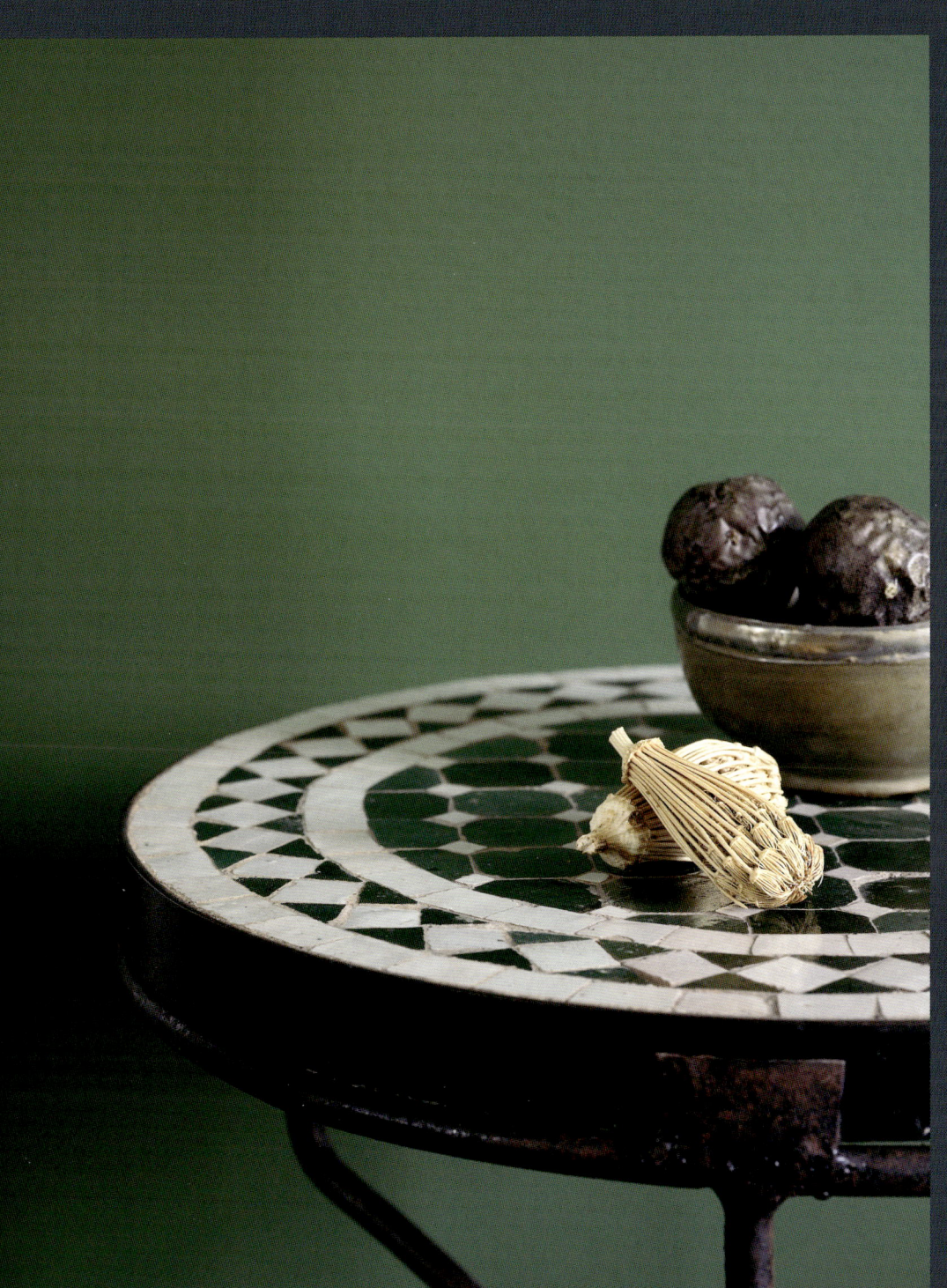

CM 73 olive soap

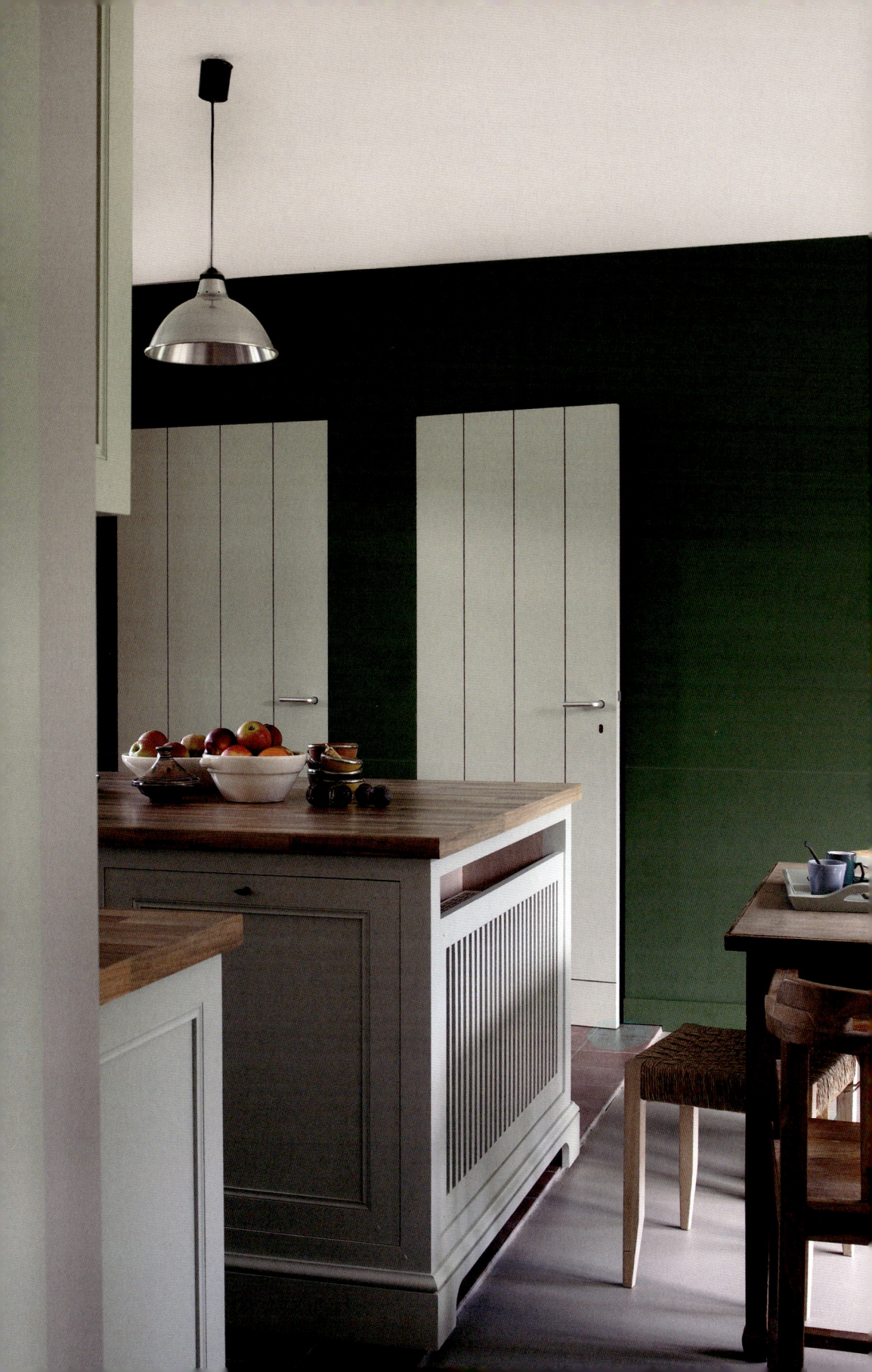

CM 08 sandstone

CM 55 muddy swamp

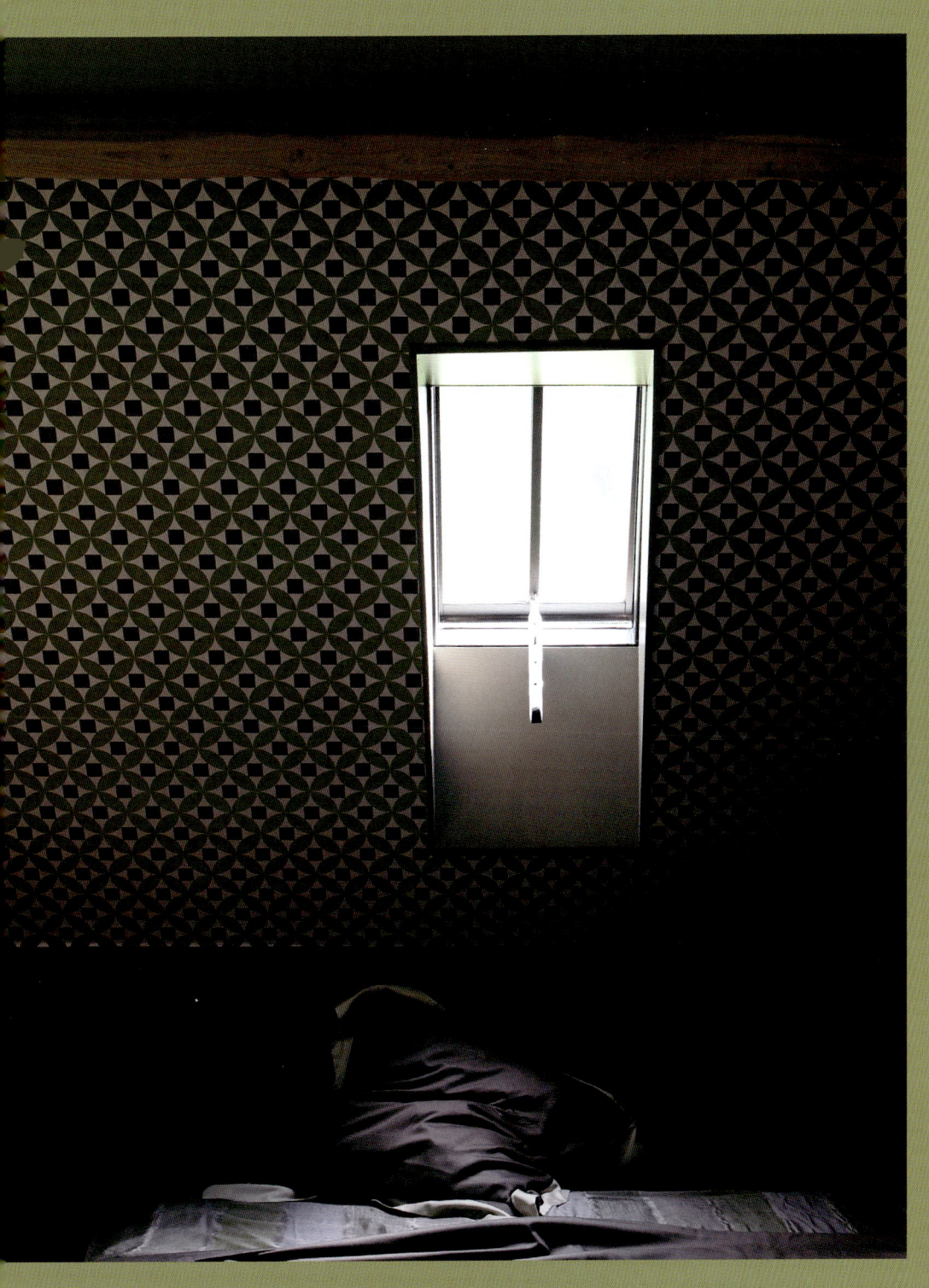

CM 41 olive tree

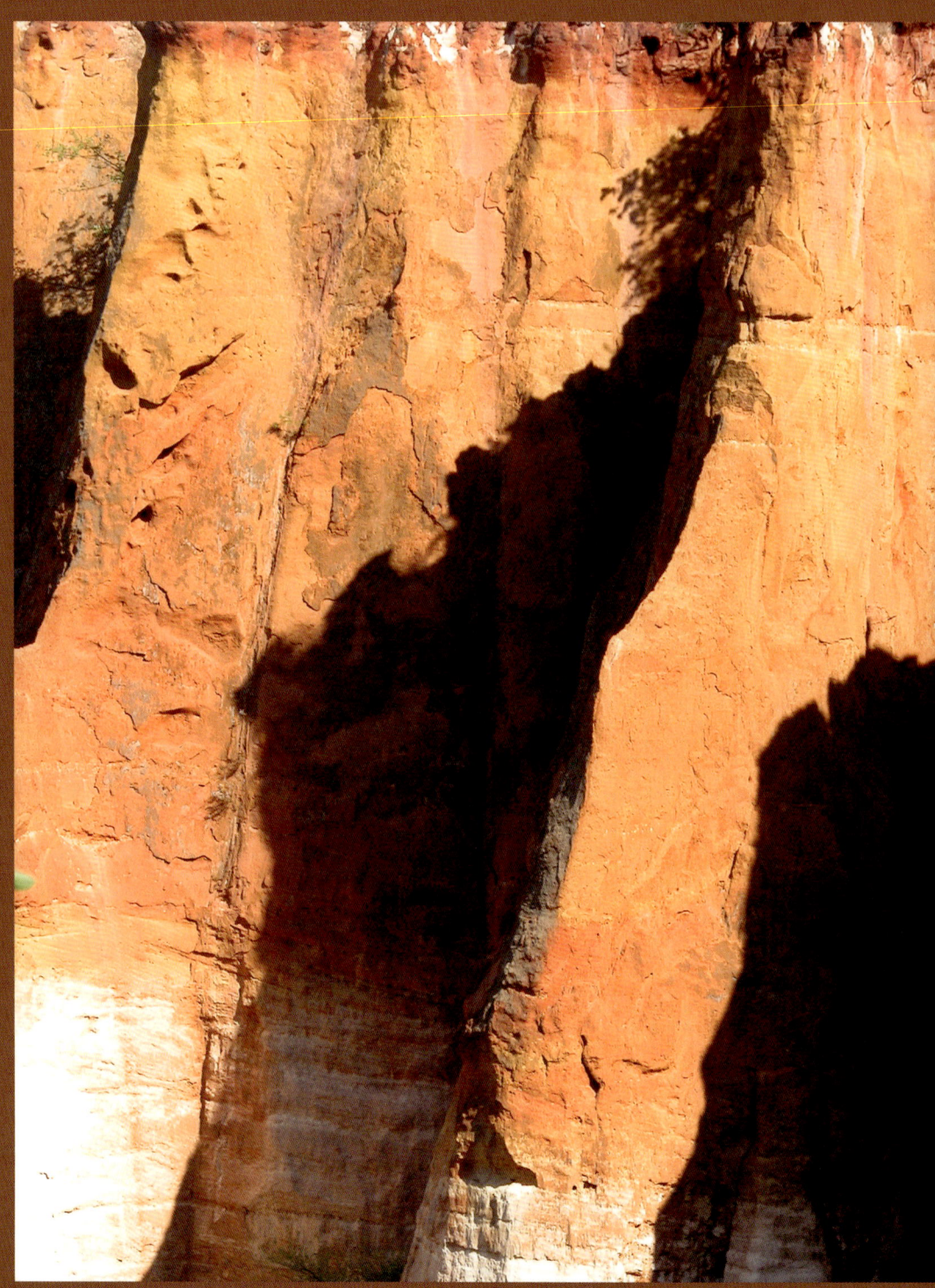

CM 38 terracotta

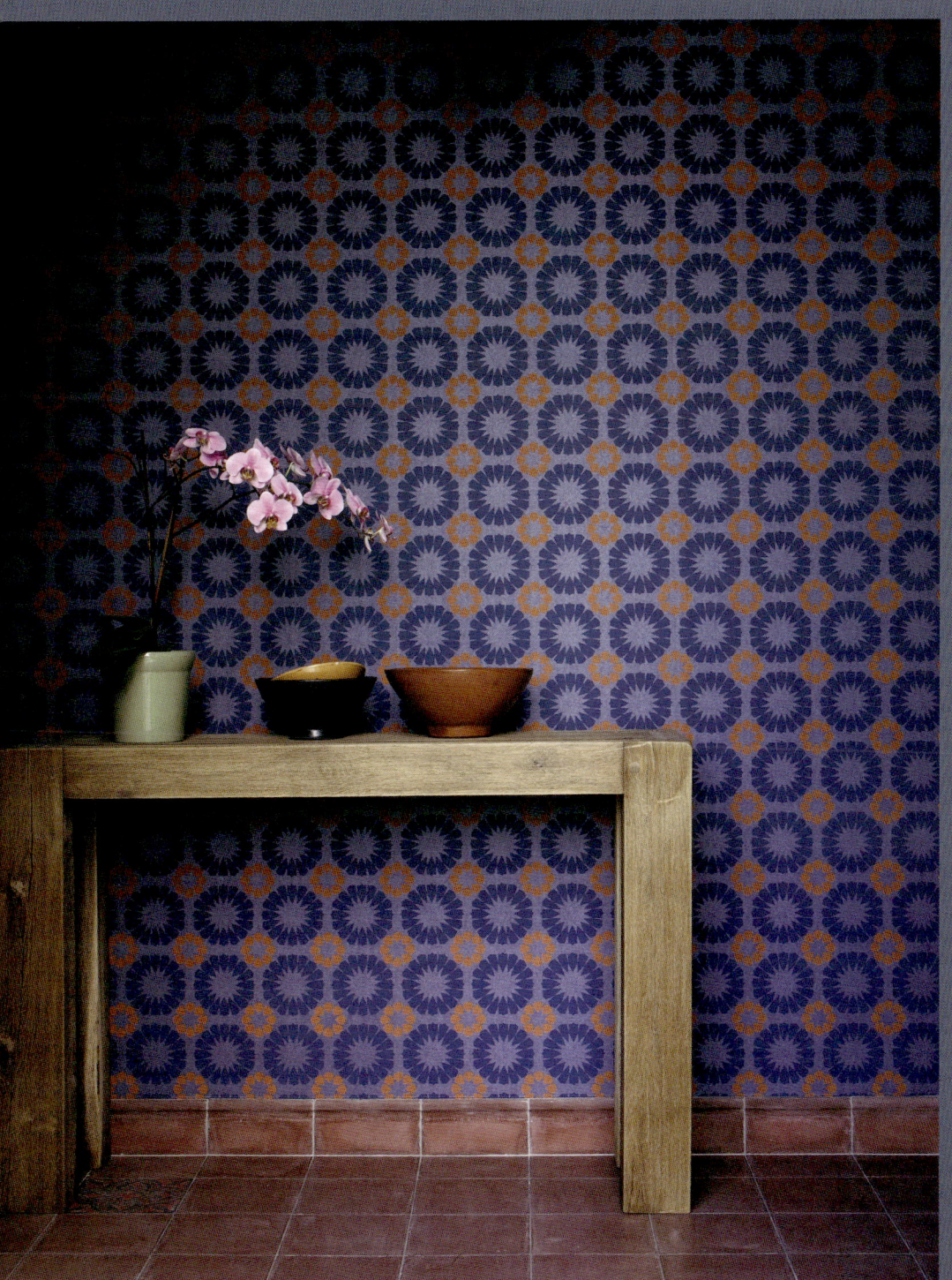

CM 100 indigo

CM 29 storm

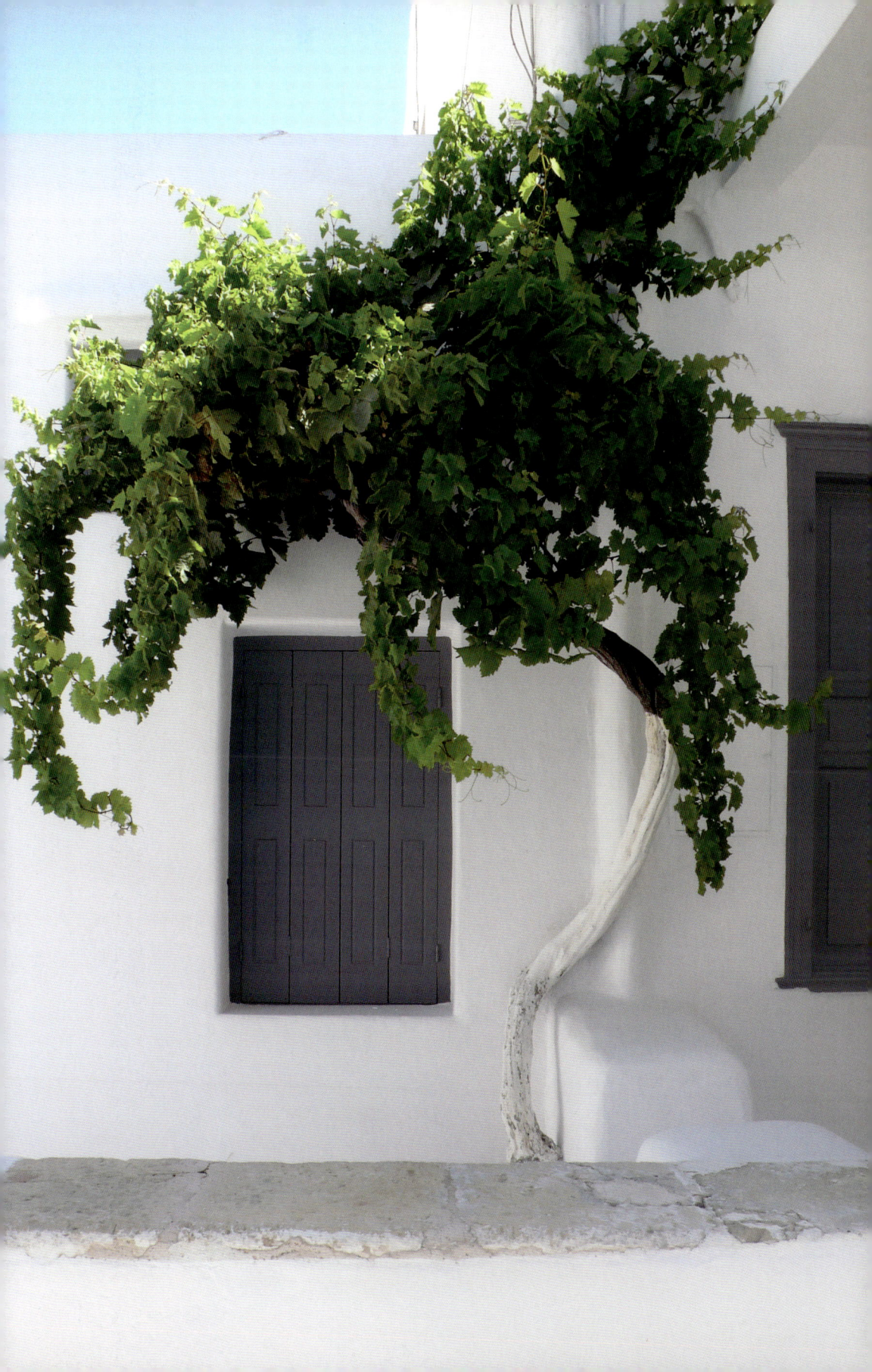

CM 96 aegean blue

CM 61 moonlight

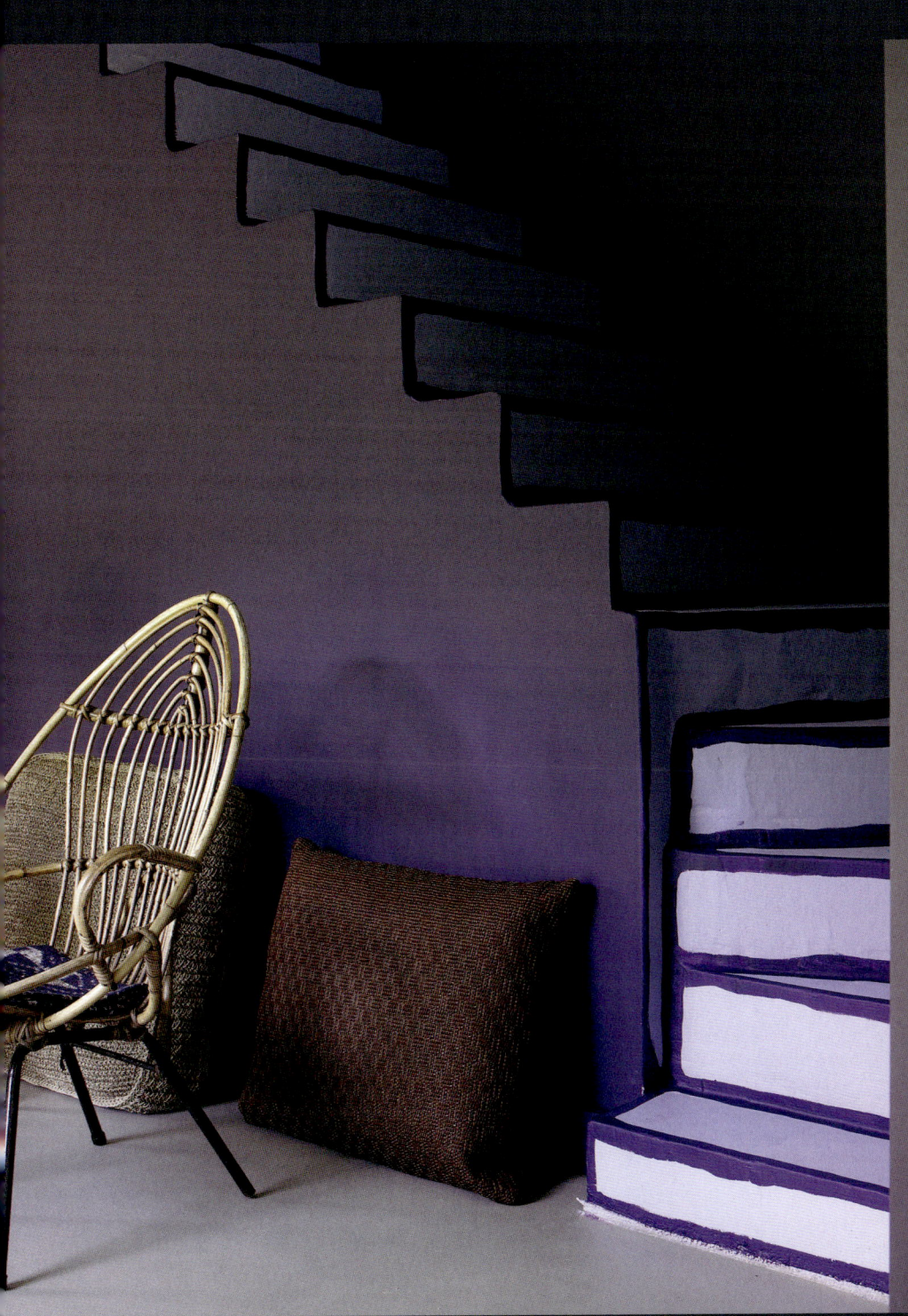

CM 13 black coffee

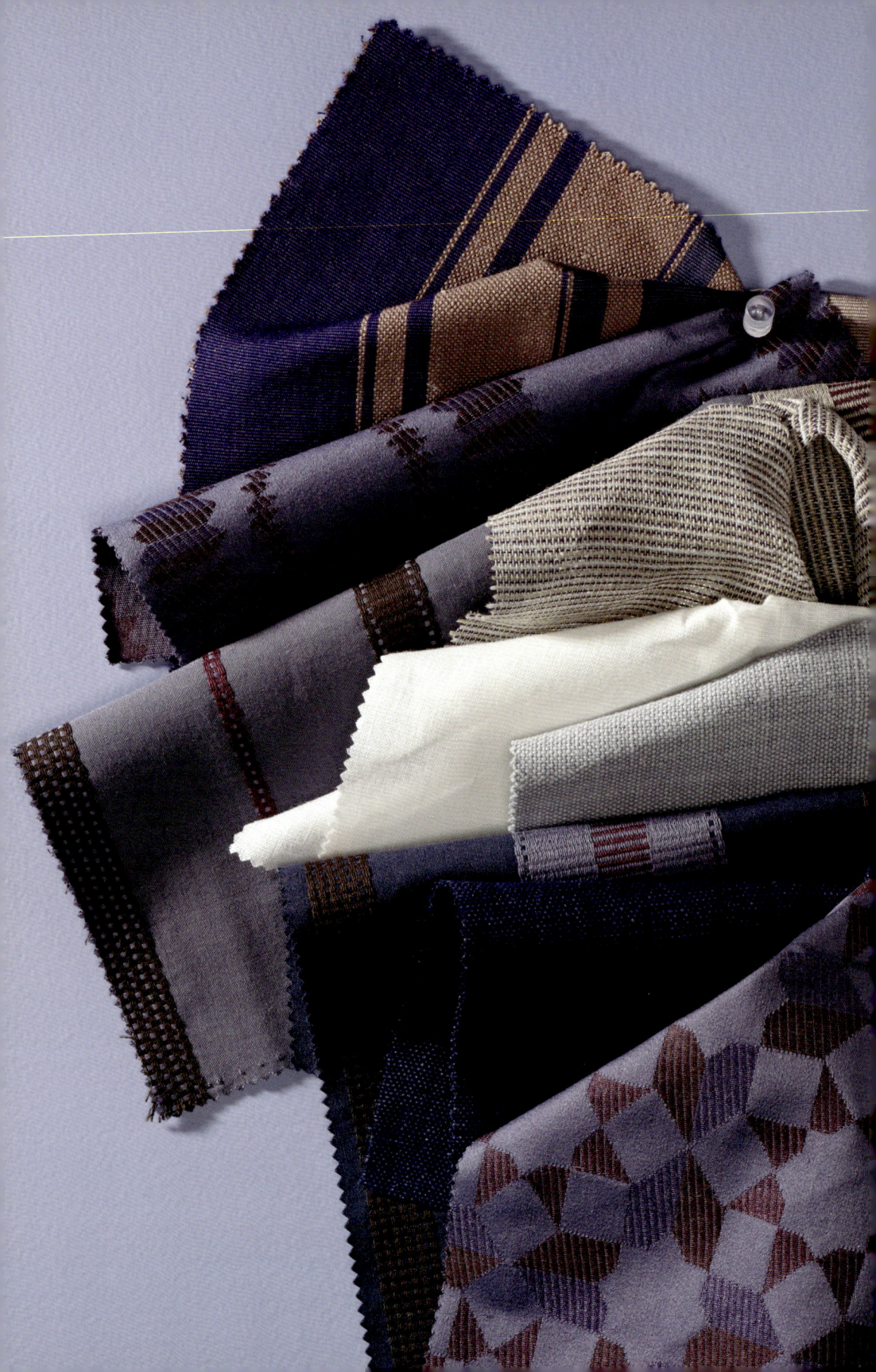

Een mix van culturen vertaald in stoffen. Deze mengelmoes van strepen en motieven, in linnen of katoen, is zowel geschikt voor gordijnen en meubelen als voor accessoires zoals plaids en kussens. Een gevarieerde melange die wonderwel samengaat en een versterkend effect heeft.

Un mélange de cultures traduit en tissus. Ce métissage de lignes et motifs en lin ou en coton, convient tout autant pour les rideaux et les meubles que pour les accessoires tels que les plaids et coussins. Un mélange varié qui se combine admirablement et concocte un effet tonique.

Diese Stoffe drücken die Verschmelzung von Kulturen aus. Diese Mischung von Linien und Motiven auf Leinen und Baumwolle ist sowohl für die Vorhänge und Möbel als auch die Accessoires wie Plaids und Kissen passend. Eine abwechslungsreiche Vielfalt, die sich prächtig zusammenfügen lässt und erfrischend wirkt.

A blend of cultures translated into fabric. A mixture of lines and patterns in linen or cotton works both for drapes and furniture as well as for accessories such as plaid blankets and cushions. A varied mixture that combines well and produces an uplifting effect.

CM 60 lavender oil

CM 91 camelia

Mini Retreats

Kleine dingen maken vaak het verschil. Zelfs met makkelijke, mini stijlingrepen kan je
je huis nieuw leven inblazen of van een andere sfeer voorzien. Chris Mestdagh toont je hoe.

Les petits détails font souvent la différence. Même avec des interventions réduites
et simples vous pouvez insuffler une nouvelle vie à votre maison ou créer une autre
atmosphère. Chris Mestdagh vous montre comment.

Little details often make the difference. Even with limited and simple changes,
you can breathe new life into your house or create a new atmosphere.
Chris Mestdagh shows you how.

Die kleinen Details machen oft den Unterschied aus. Selbst mit unscheinbaren und
einfachen Handgriffen können Sie Ihr Haus zu neuem Leben erwecken oder eine
andersartige Atmosphäre schaffen. Chris Mestdagh zeigt Ihnen wie.

CM 104 grilled corn

CM 01 coconut brown

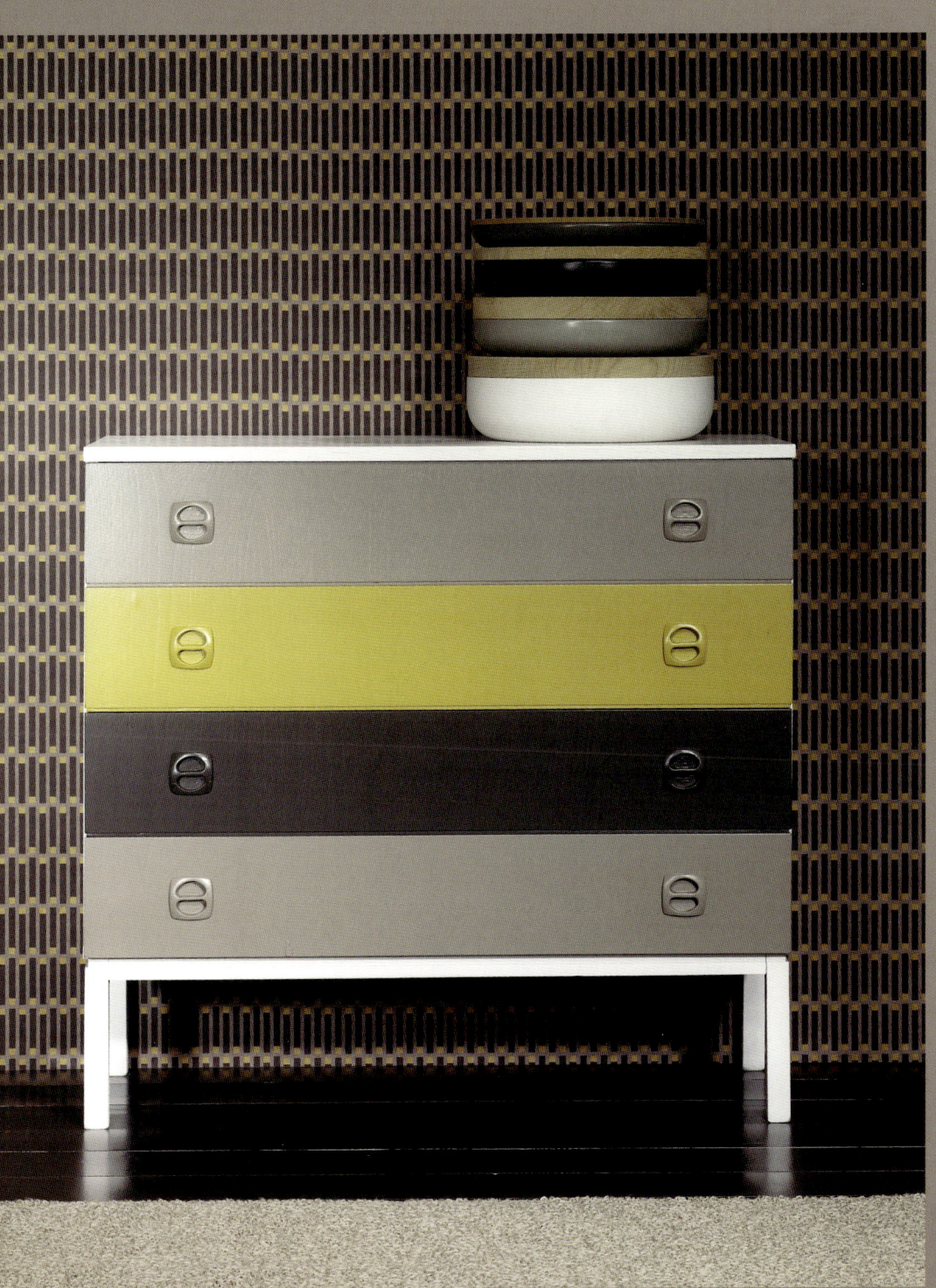

Oud wordt nieuw
Kies behangpapier en schilder een oud kastje in tinten die ermee overeenstemmen. Geef ook de lades een overeenstemmend kleurtje en behang de binnenkant. Maak het verhaal af met bijpassende stoffen voor gordijnen en kussens.

Transformez du vieux en nouveau
Choisissez votre papier peint et peignez une ancienne petite armoire dans des teintes harmonieuses. Peignez également les tiroirs dans une couleur adéquate et tapissez l'intérieur avec du papier peint. Parachevez le tout avec des tissus assortis pour les rideaux et les coussins.

Transform the old into new
Select your wallpaper and paint an old wardrobe in harmonious shades. Also, paint the drawers a matching color and line the insides with wallpaper. And cap it all off with various fabrics for drapes and cushions.

Aus Alt mach Neu
Wählen Sie eine Tapete aus und streichen Sie einen kleinen alten Schrank in harmonischen Farbtönen an. Streichen Sie auch die Schubladen in einer passenden Farbe und legen Sie den Schrank innen mit Tapete aus. Vervollständigen Sie Ihr Werk mit farbig abgestimmten Stoffen für Vorhänge und Kissen.

CM 01 coconut brown

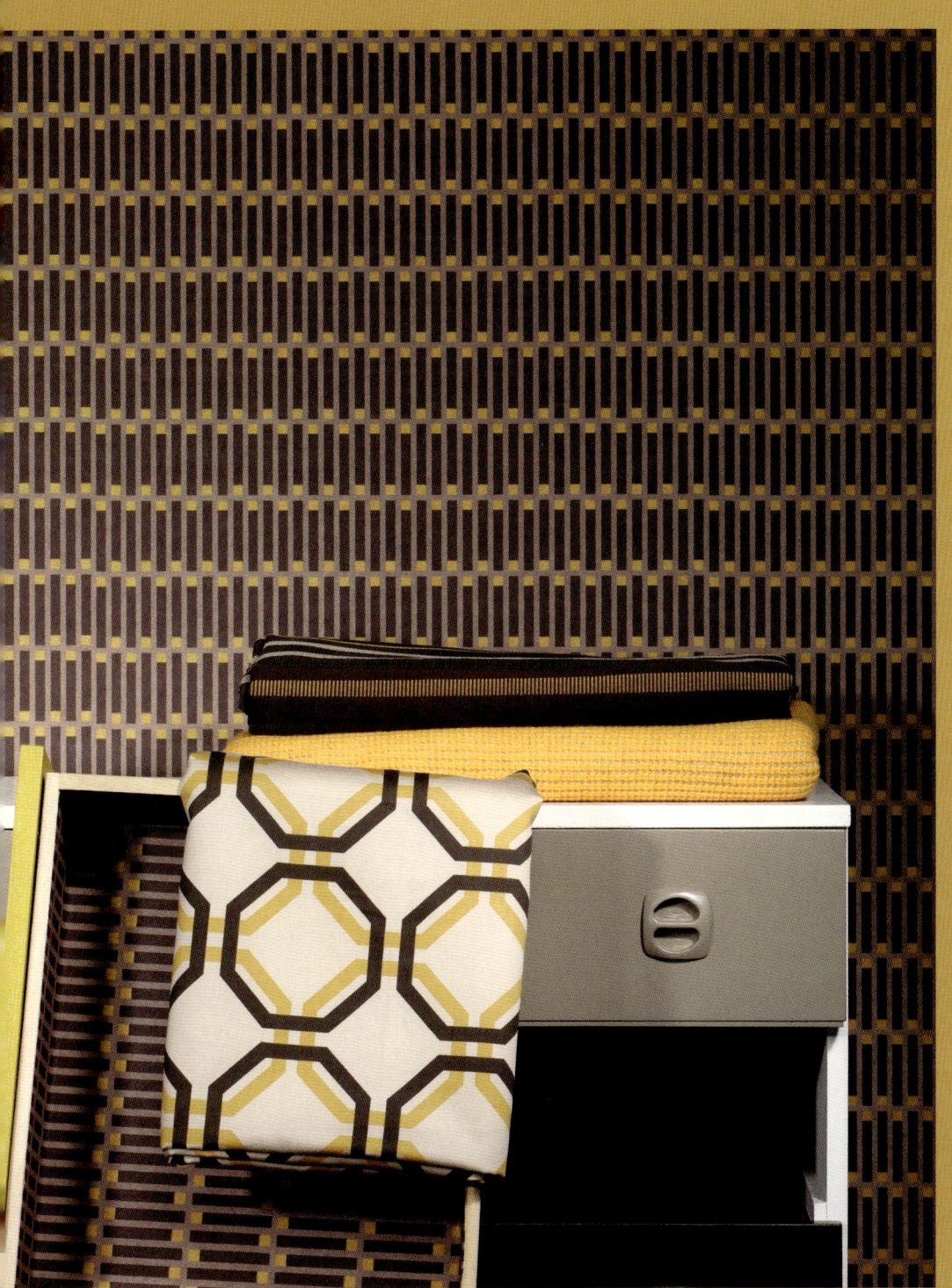

CM 104 grilled corn

CM 86 dry fig

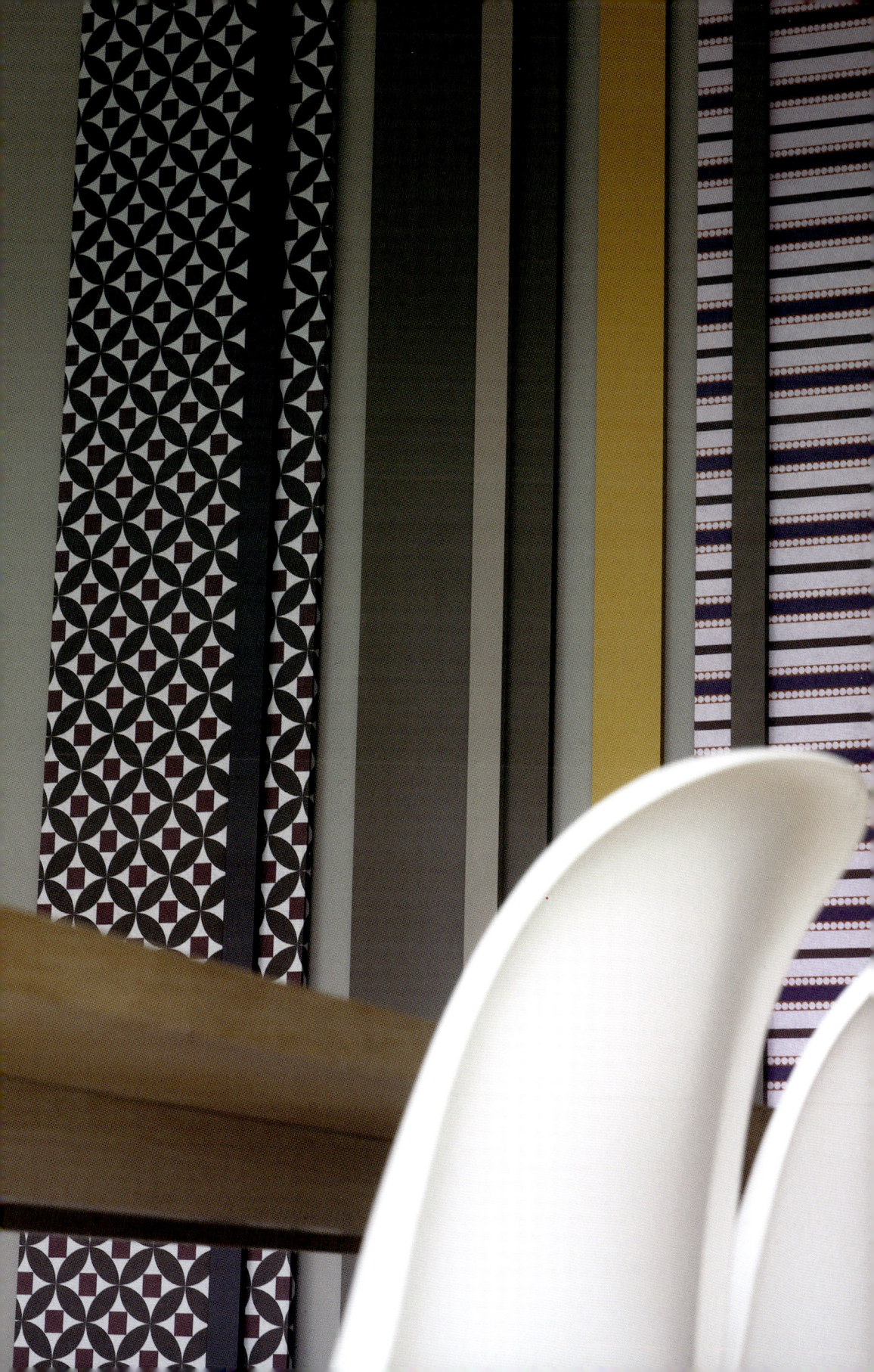

Mobiele eyecatcher
Laat mdf-panelen verzagen in diverse breedtes. Voorzie sommige panelen van behang en schilder de rest in kleuren die herhaald worden in het behang of in je interieur. Een stijlvolle, flexibele én goedkope eyecatcher.

Un 'eyecatcher' mobile
Faites scier des panneaux MDF en différentes largeurs. Recouvrez certains panneaux de papier peint et peignez le reste en couleurs déjà présentes dans le papier peint ou ailleurs dans votre intérieur. Un style accrocheur, flexible et bon marché.

A mobile eye-catcher
Cut some medium density fiberboard panels into various widths. Cover some panels with wallpaper and paint the rest with colors that are in the wallpaper or elsewhere in your interior. A catchy, flexible, inexpensive bit of style.

Ein mobiler Blickfang
Lassen Sie mitteldichte Faserplatten in verschiedenen Längen zurechtsägen. Bekleben Sie einige der Platten mit Tapete und streichen Sie die restlichen in den gleichen Farben an, die auf der Tapete oder in Ihrem Innenraum vorkommen. Ein ausdrucksstarker, flexibler und kostengünstiger Stil.

CM 84 dune sand

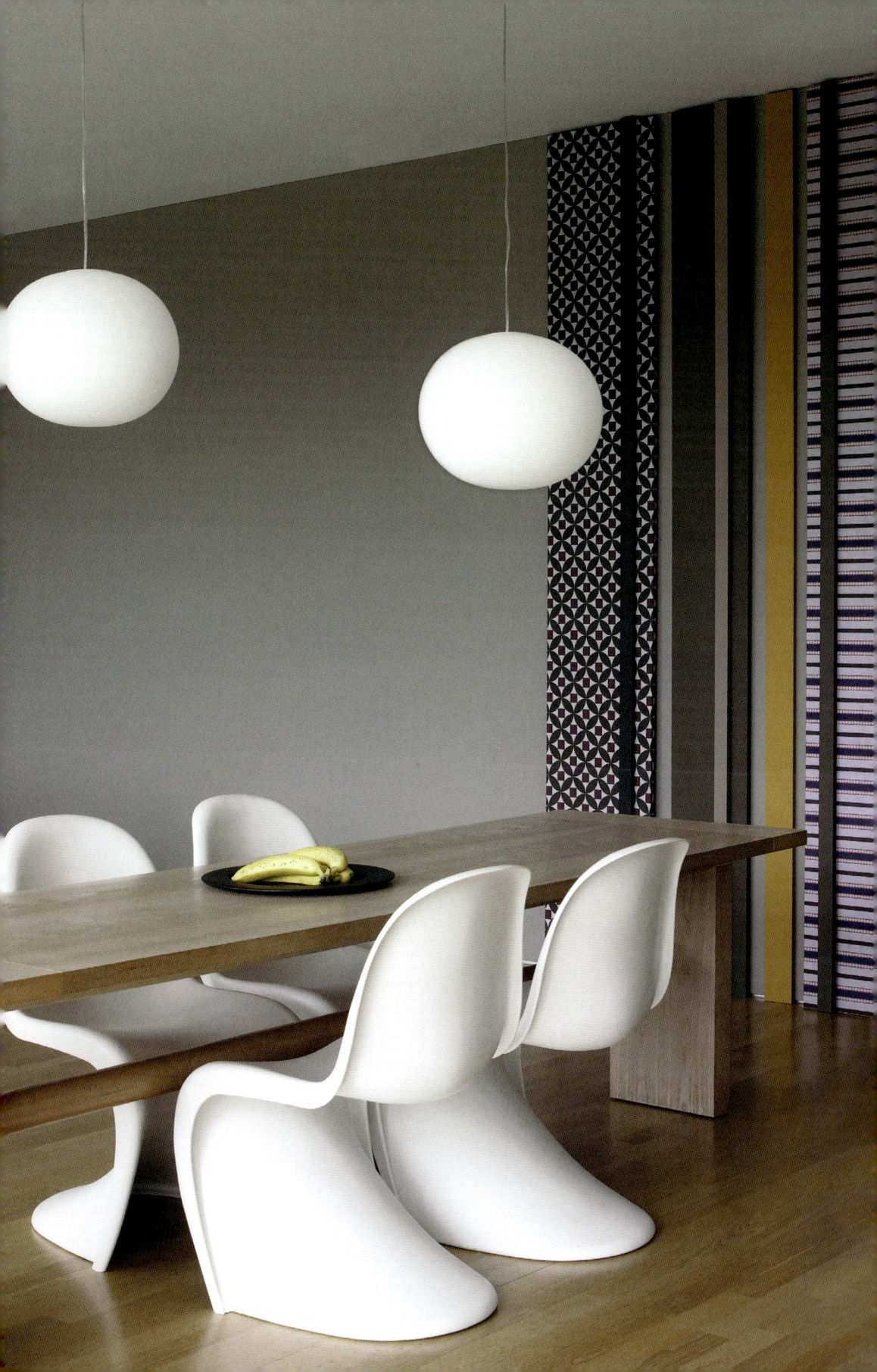

Meer dan behang
Een overschotje behangpapier? Versnijd het restje tot placemats voor je volgende partydiner.

Plus que du papier peint
Du papier peint qui vous reste? Découpez-le en sets de table pour un prochain repas de fête.

More than wallpaper
Wallpaper remnants? Cut them into placemats for your next dinner party.

Mehr als nur Tapete
Sie haben einen Rest Tapete übrig? Schneiden Sie diese Tapetenstücke als Platzsets zu für Ihr nächstes Festmahl.

CM 33 tomato red

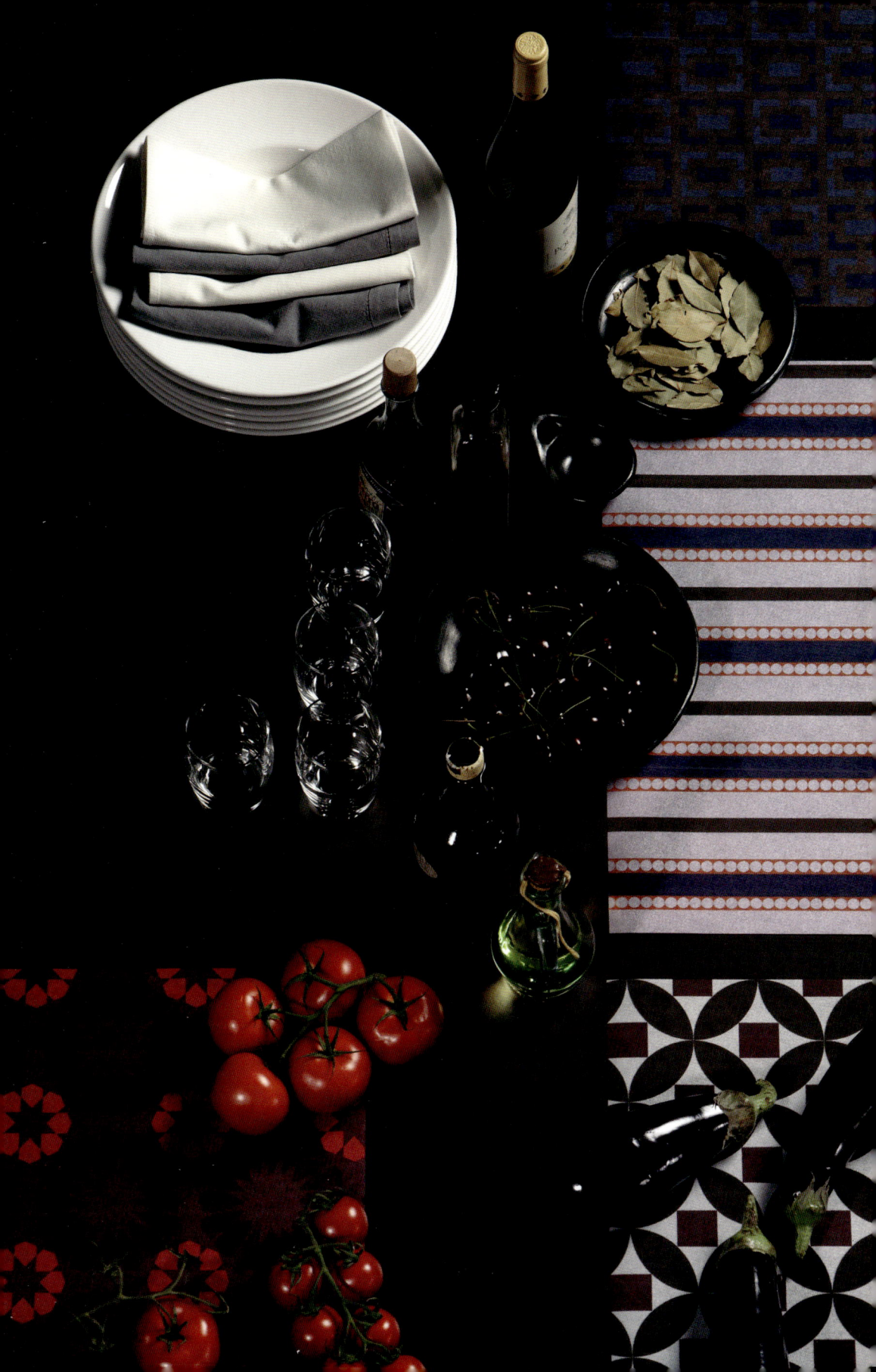

Ruimtelijk inzicht
Speel met behang en verf en maak van een oude kast een micro kantoorruimte.
Nood aan gemoedrust? Doe gewoon de deur dicht.

Concept spatial
Jouez avec le papier peint et la peinture et transformez une ancienne armoire en un micro-espace de bureau. Votre esprit, a-t-il besoin de repos ? Il suffit alors de refermer la porte.

Spatial design
Play with wallpaper and paint and transform an old wardrobe into a mini office space.
Does your mind need a rest? Then all you have to do is close the door.

Raumkonzept
Spielen Sie mit Farbe und Tapete und verwandeln Sie einen alten Schrank in einen Mini-Schreibtisch. Ihr Geist braucht Erholung? Dann schließen Sie einfach wieder die Schranktür.

CM 64 durum

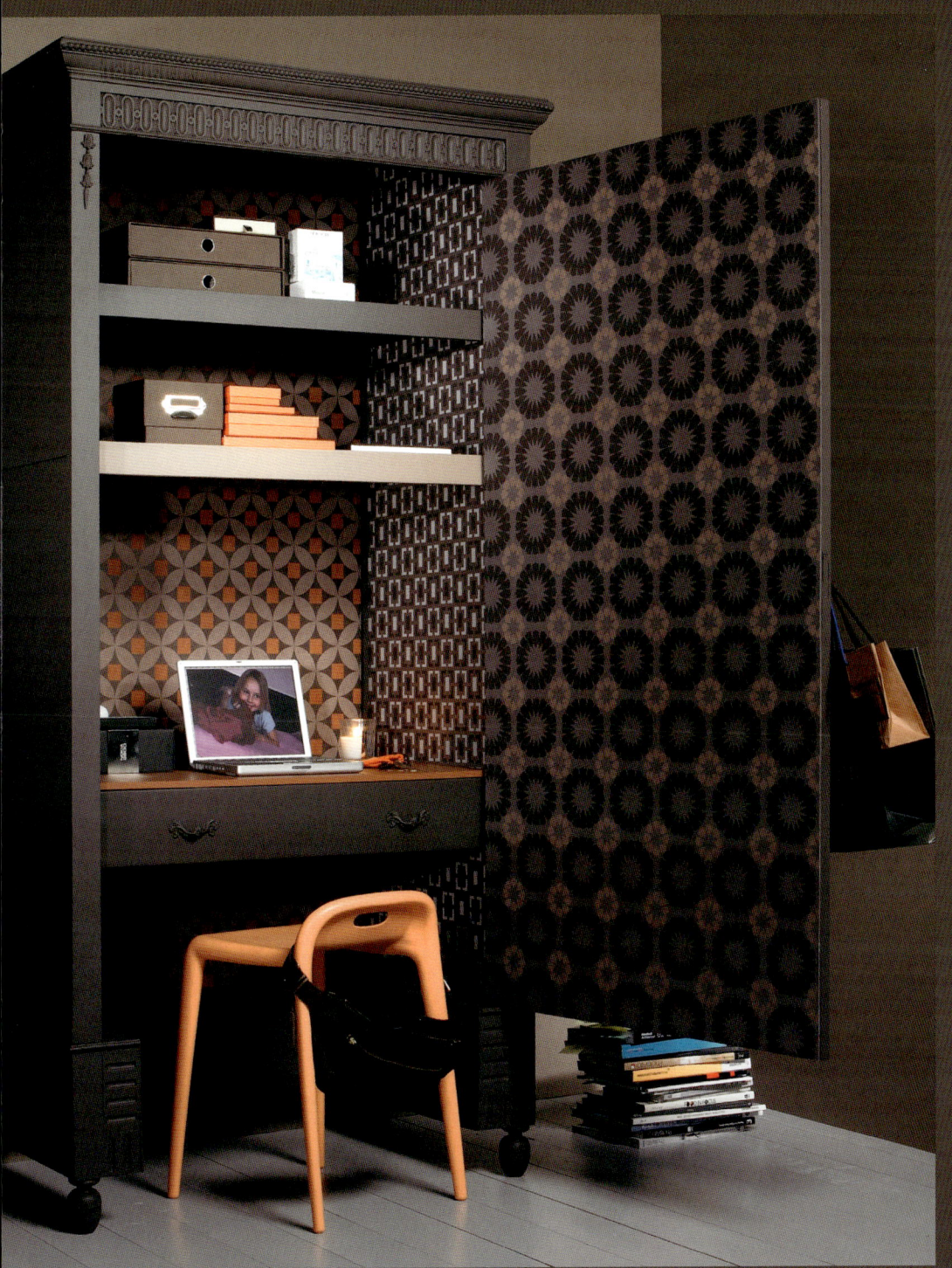

CM 01 coconut brown

CM 41 olive tree

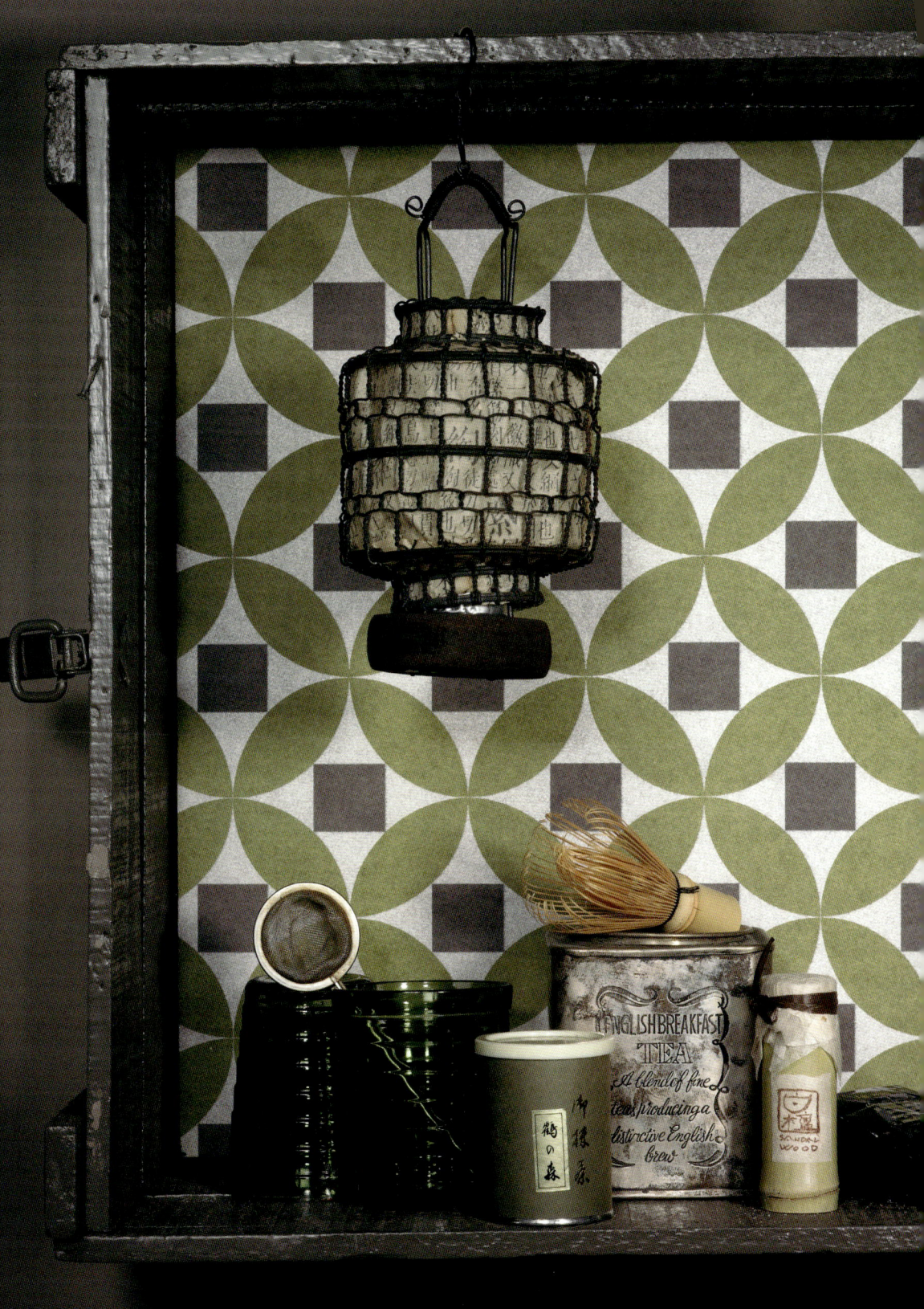

Recyclagepuzzel
Met een stel kratjes, voorzien van behangpapier en een likje verf, maak je een coole opbergwand. Geschikt voor zowel bureau, keuken als strandhut.

Puzzle recyclage
Avec un ensemble de petits cageots, recouverts de papier peint et un coup de pinceau, vous réalisez un mur de rangement sympa. Parfait pour un bureau, une cuisine ou une cabine de plage.

Recycling puzzle
With a set of small crates covered in wallpaper and a dab of paint, you can make a nice wall full of storage space. Perfect for your office, kitchen, or beach cabin.

Puzzle Recycling
Aus Lattenkisten, mit Tapete und ein paar Pinselstrichen verziert, kann ein nettes Ordnungssystem entstehen. Perfekt für den Schreibtisch, die Küche oder die Strandkabine.

CM 89 cherry red

CM 101 ocean blue

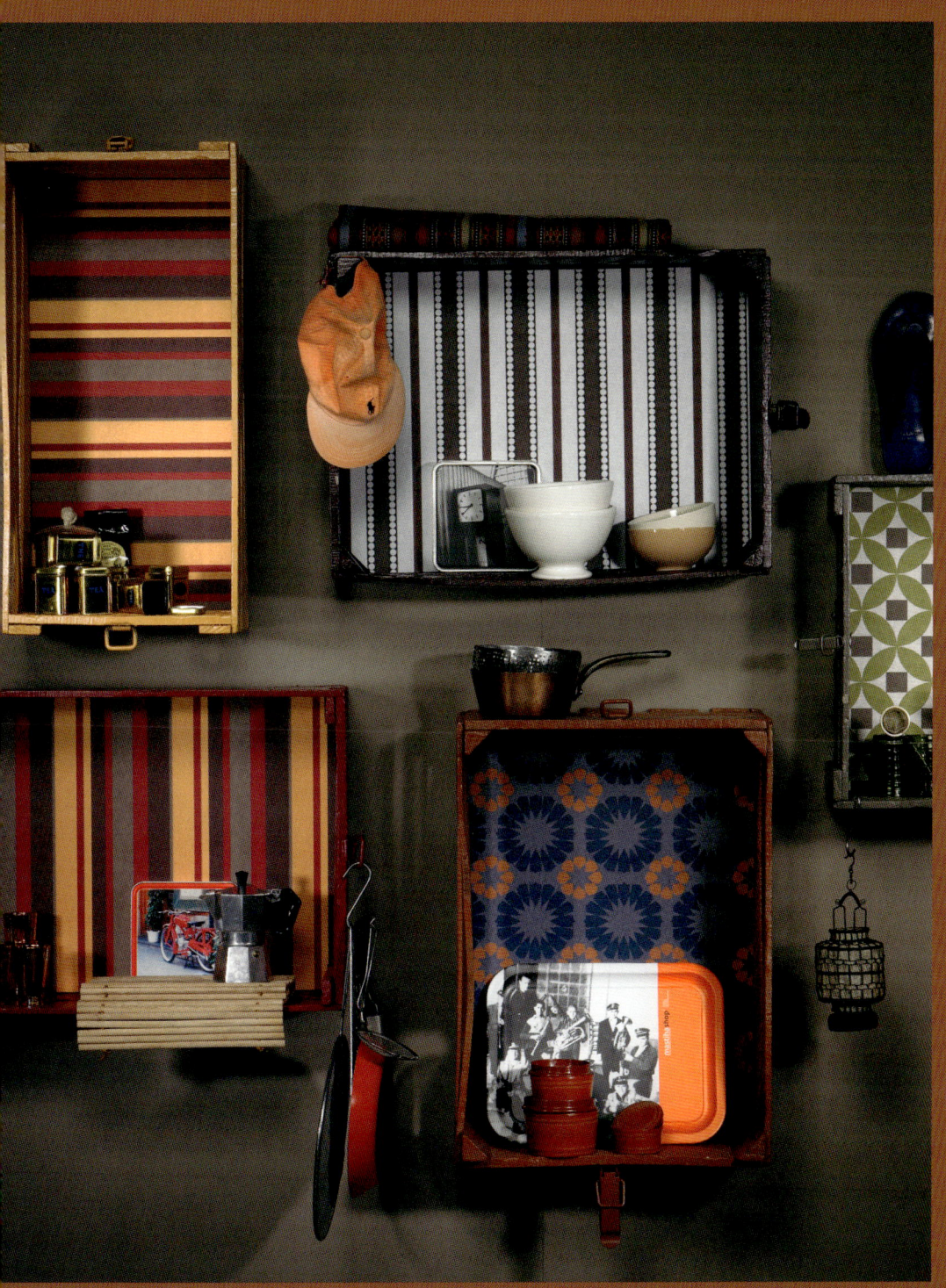

CM 38 terracotta

Kunstwerkmuur
Schilder elke panlat in een andere kleur en nagel ze daarna kriskras door elkaar aan de wand.
Zo krijg je een accentmuur die je hal, woonruimte of zelfs je bedhoofdeinde opfleurt.

Un mur œuvre d'art
Peignez chaque latte dans une autre couleur et clouez-les ensuite pêle-mêle au mur.
Vous obtiendrez ainsi un mur accent qui ravivera votre hall, espace de séjour ou même votre tête de lit.

A wall as a work of art
Paint each slat a different color and then nail them in a random pattern on the wall.
This can give you a wall accent that will bring life back to your hall, sitting room, or even above your bed.

Ein Kunstwerk an der Wand
Streichen Sie jede Latte in einer anderen Farbe und nageln Sie diese bunt durcheinander an die Wand. So erhalten Sie eine akzentvolle Wand, die Ihren Eingang, Ihr Wohnzimmer oder sogar das Kopfende Ihres Betts auffrischt.

CM 88 kanna

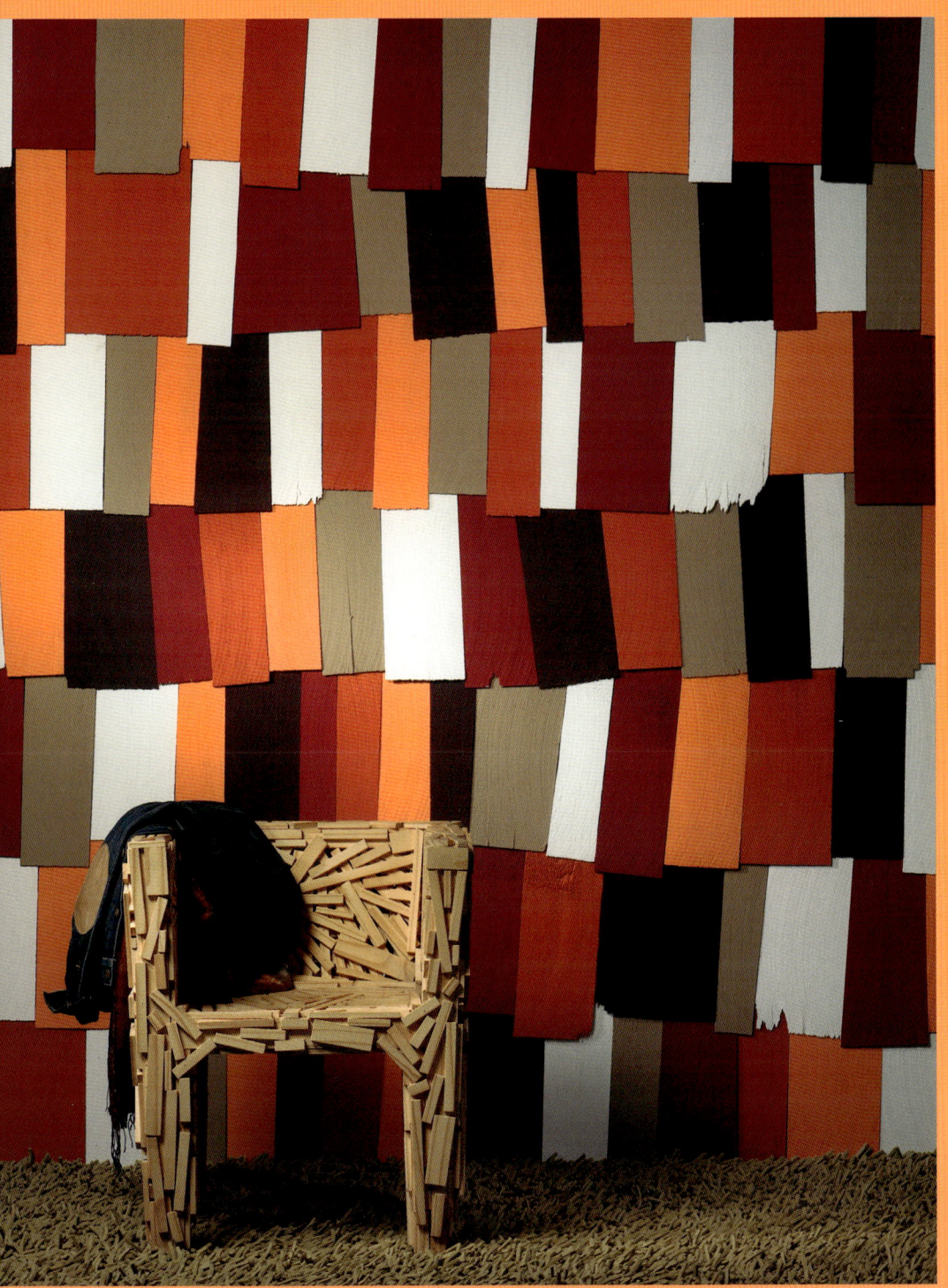

CM 53 fresh orange

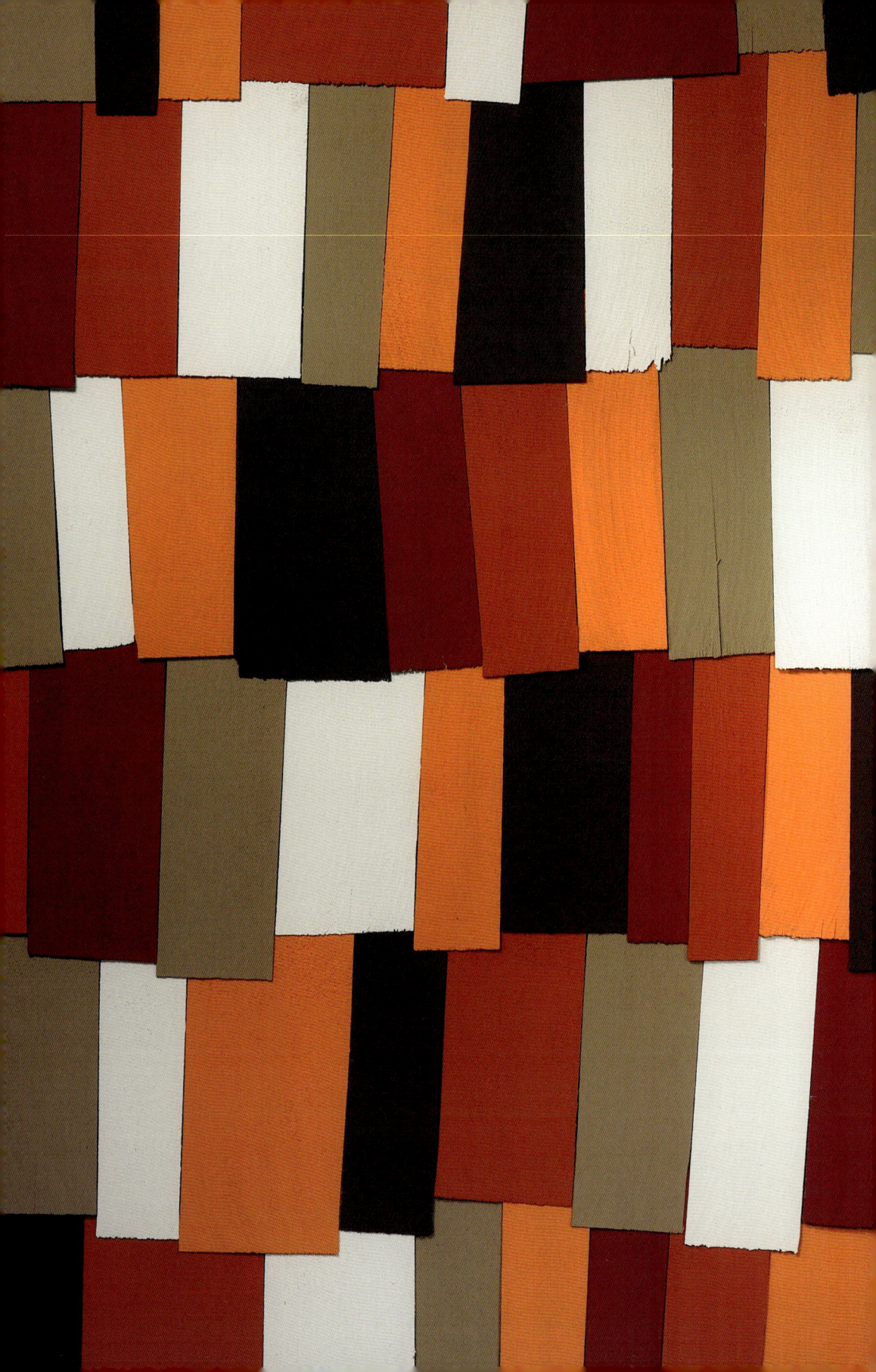

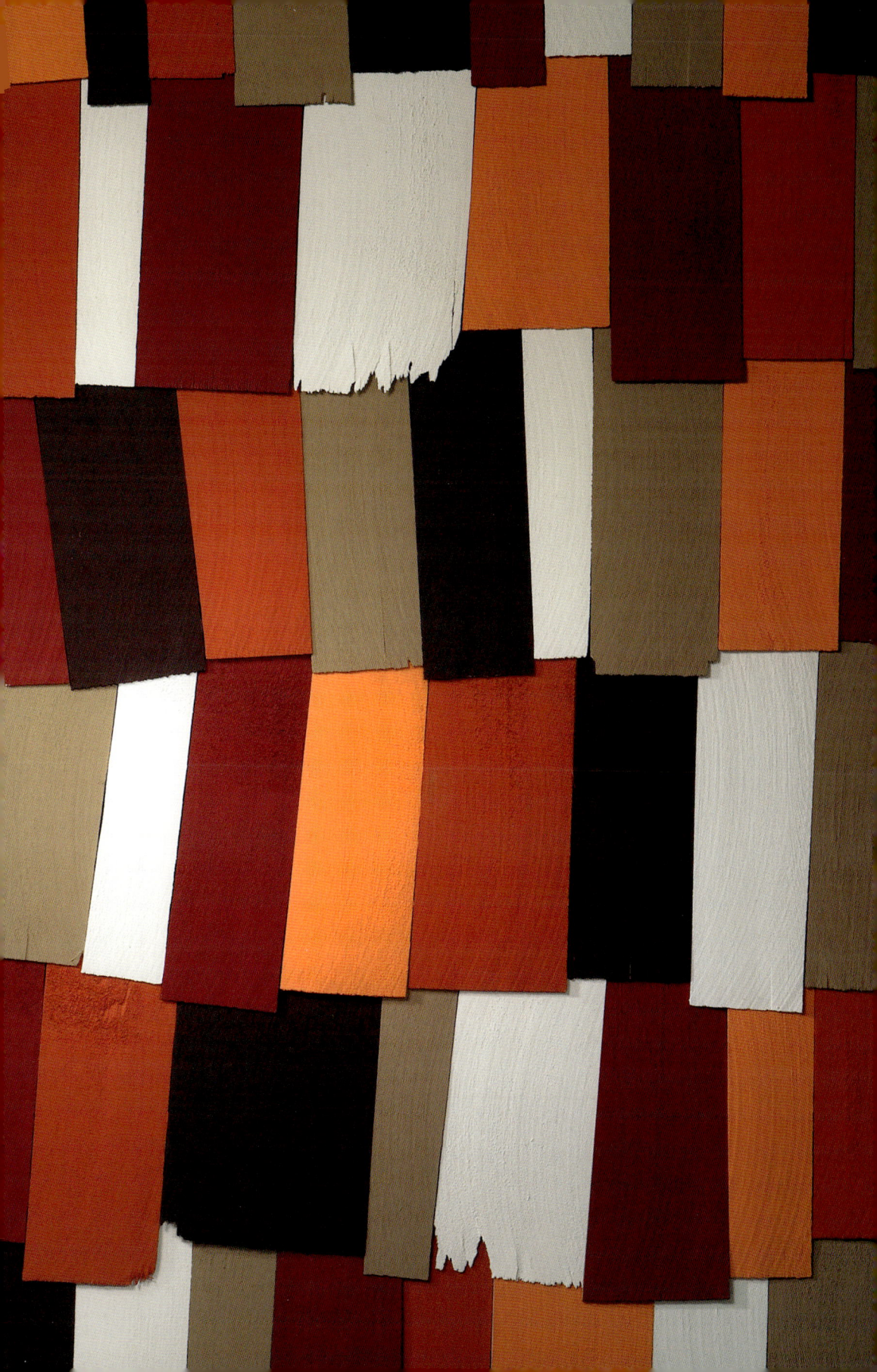

De natuur in
Laat een grove boomstronk verzagen en geef elk paneel een kleurtje. Het resultaat is een authentieke accentmuur die je meevoert naar een landschap van bergen en wouden.

La nature à l'intérieur
Faites débiter une souche d'arbre brute et peignez chaque planche dans une autre couleur. Le résultat est un authentique mur accent qui vous entraînera vers un paysage de montagnes et de forêts.

Nature in your interior
Cut up a log of raw wood and paint each board a different color. The result is an authentic wall accent that will lead you to a landscape of mountains and forests.

Die Natur mit ins Haus nehmen
Lassen Sie einen unverarbeiteten Baumstumpf zersägen und streichen Sie jedes Brett in einer anderen Farbe. Das Ergebnis ist eine authentische Akzentwand, die Sie an eine Hügel- und Waldlandschaft erinnert.

CM 66 pale skin

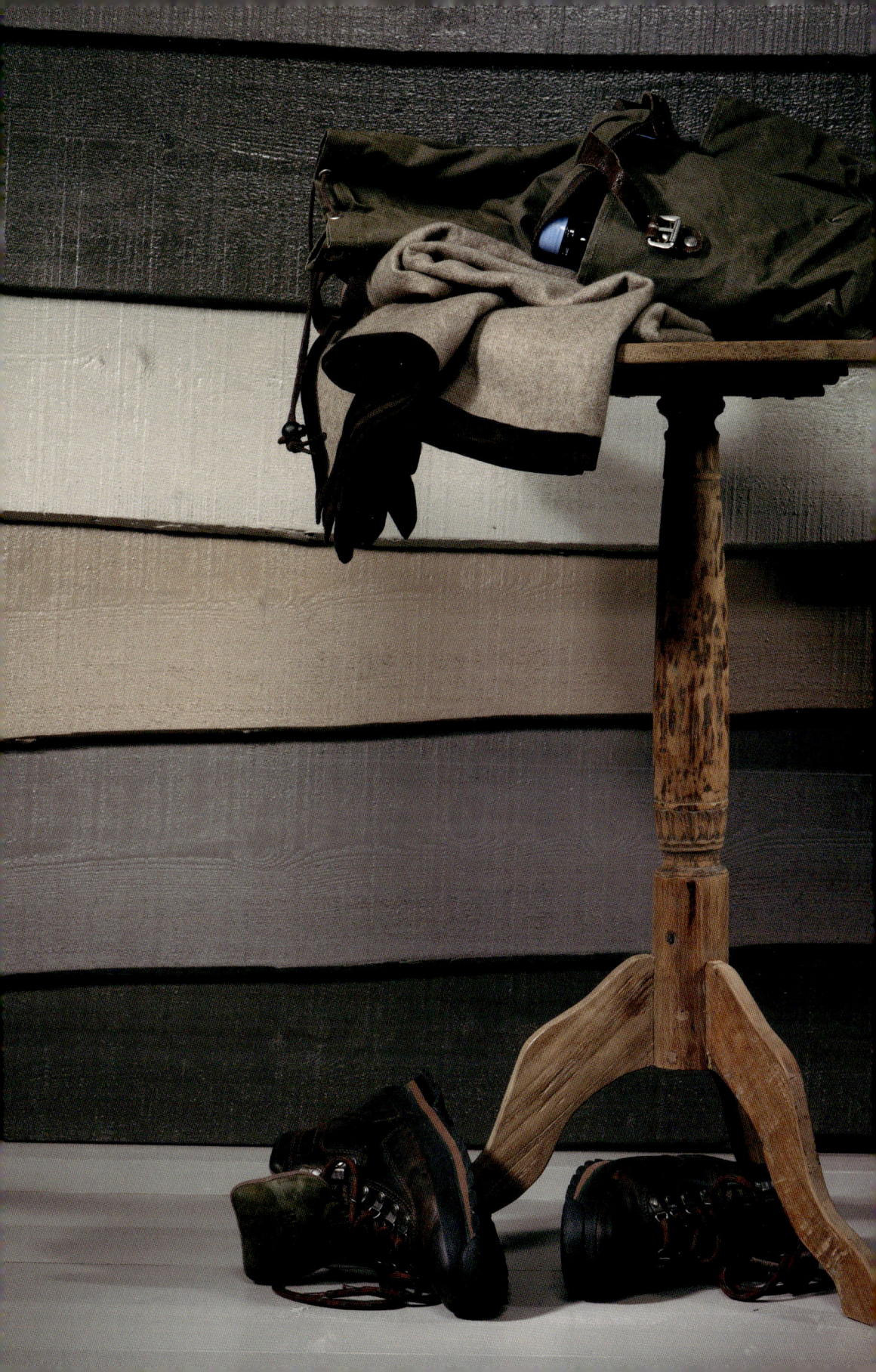

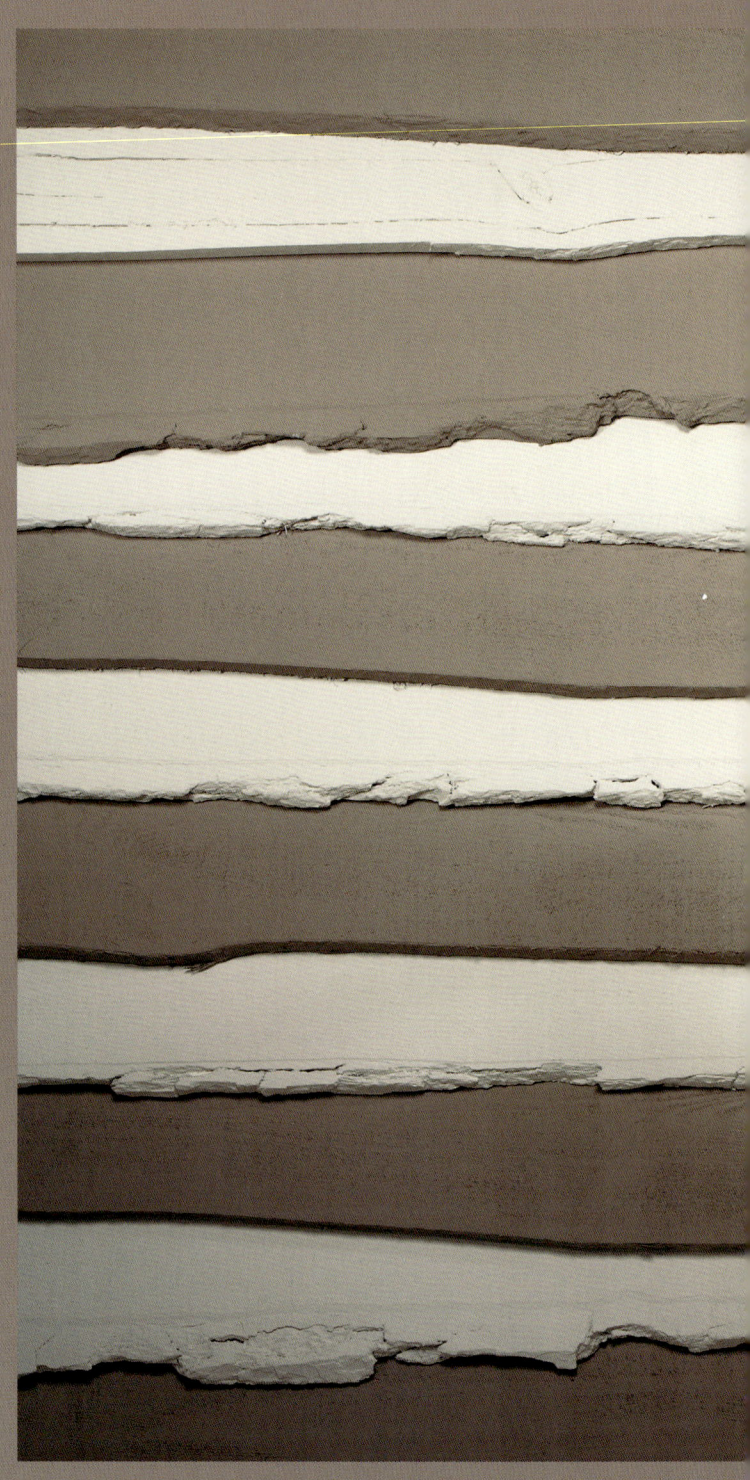

CM 64 durum

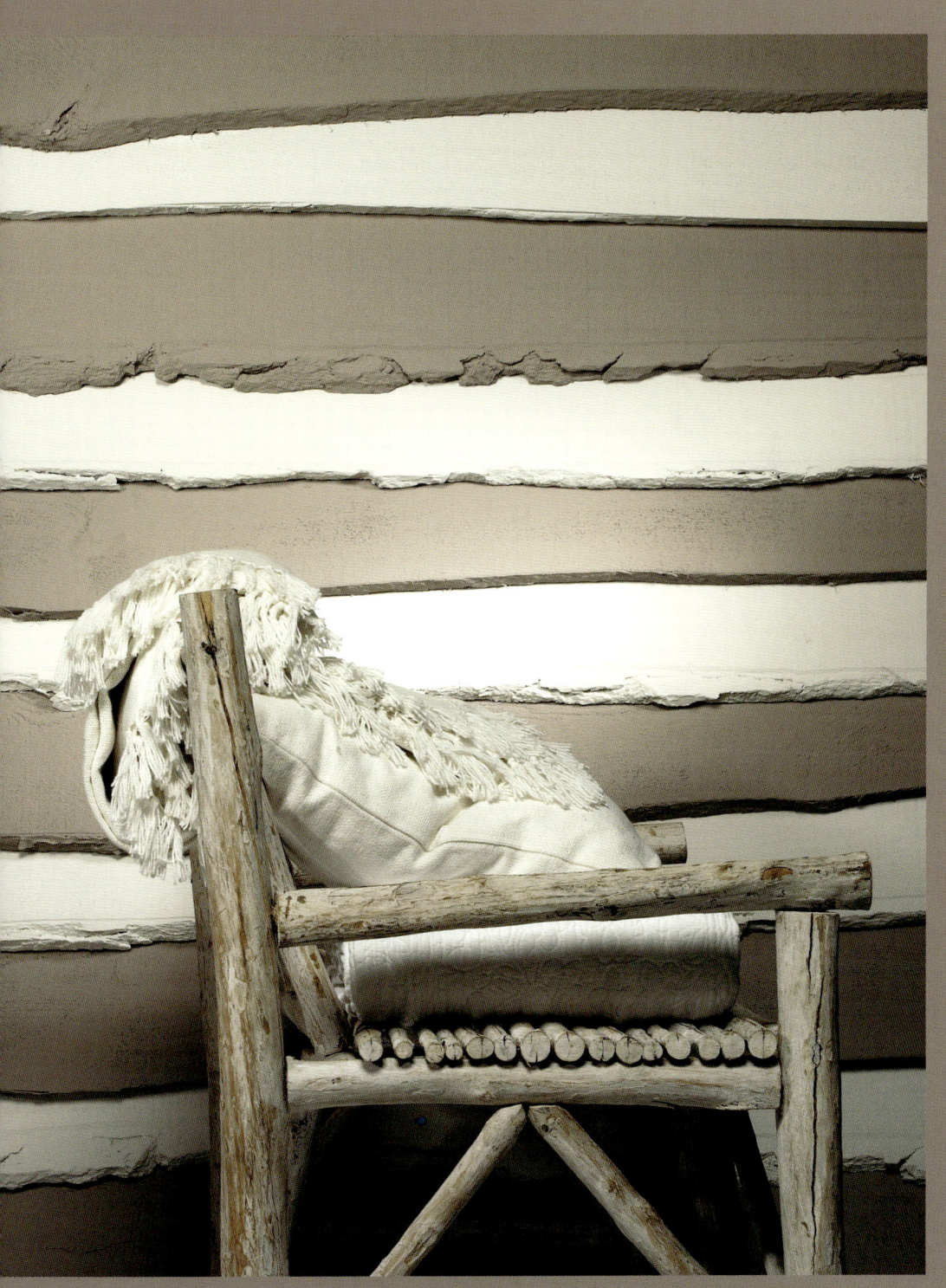

CM 64 durum

CM 60 lavender oil

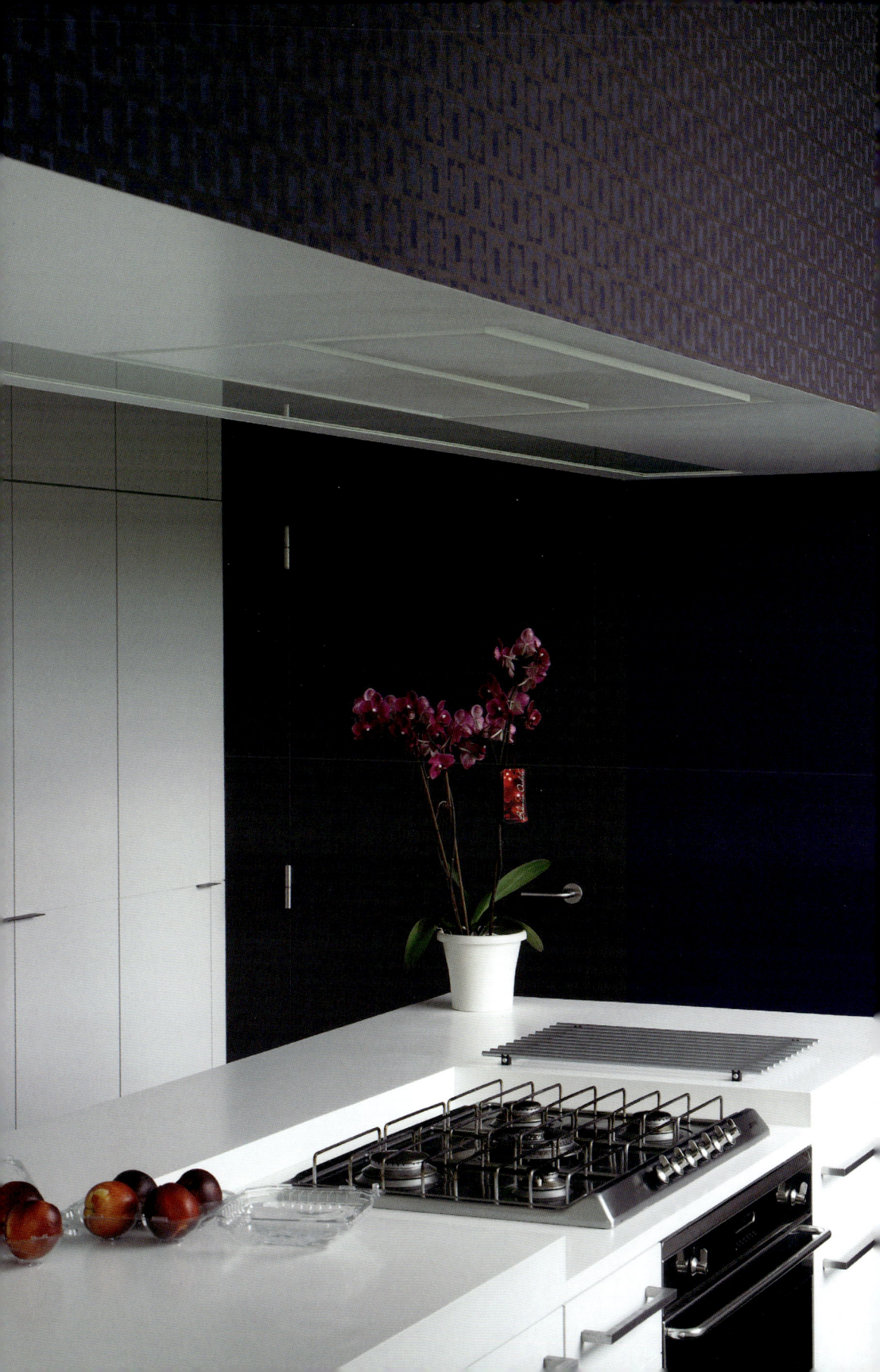

Lounge keuken
Behang de dampkap en promoveer zo je keuken naar hogere sferen. Niet alleen maar een werkplek, maar een plaats om samen te komen, te genieten en te relaxen.

Cuisine lounge
Tapissez la hotte et propulsez votre cuisine vers des sphères plus hautes. Elle ne sera plus seulement un endroit de travail mais deviendra un lieu où il est agréable de se rassembler, prendre du bon temps et se relaxer.

Lounge kitchen
Carpet the hood over your stove and propel your kitchen to new heights. It will no longer be just a workplace, but it will become a gathering place for enjoying a good time and relaxing.

Lounge Küchen
Tapezieren Sie die Dunstabzugshaube und katapultieren Sie so Ihre Küche in höhere Sphären. Sie wird dann nicht mehr nur ein Arbeitsraum sein, sondern zu einem Ort werden, an dem man sich gerne versammelt, amüsiert und entspannt.

CM 100 indigo

CM 01 coconut brown

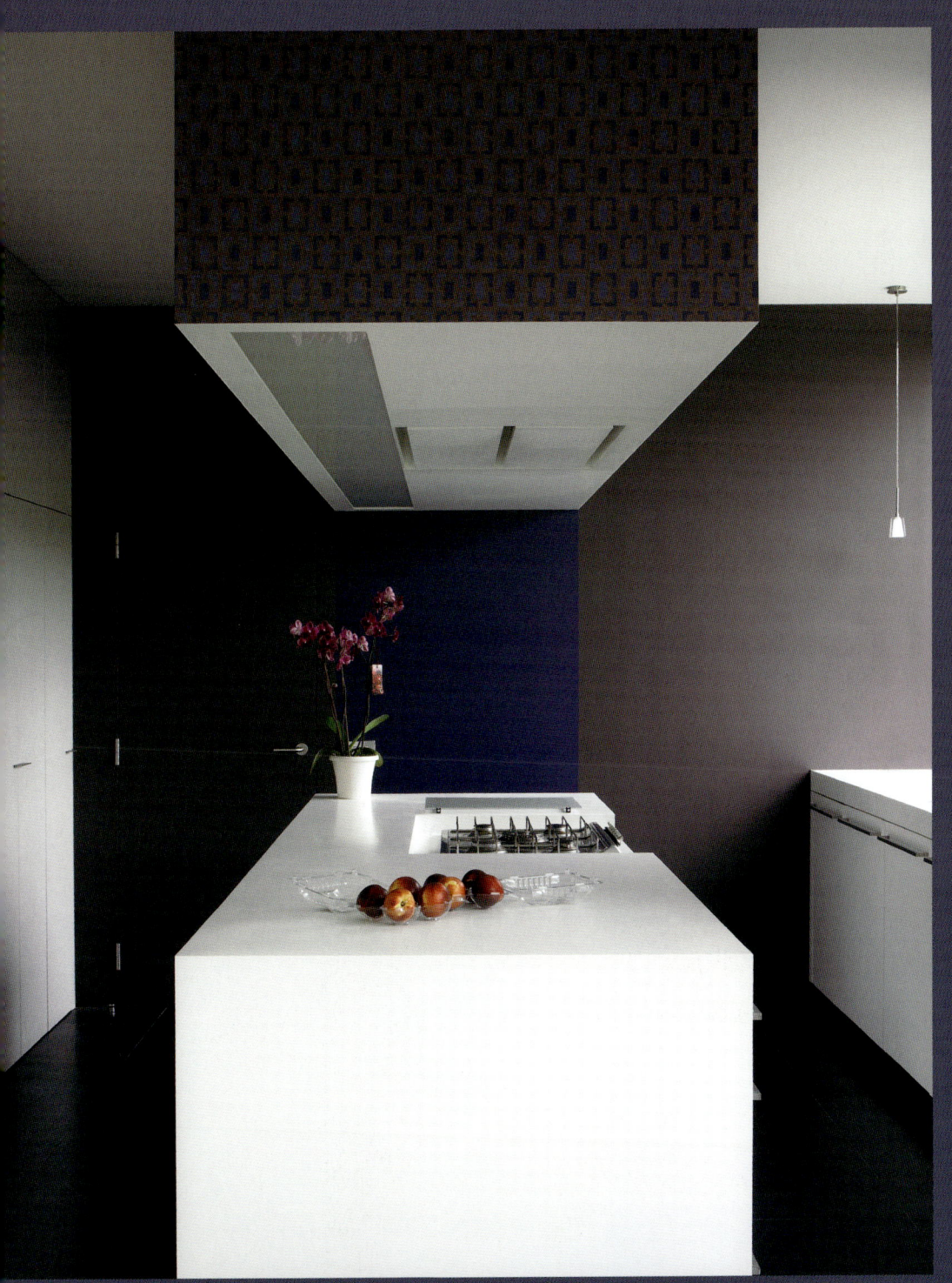

CM 60 lavender oil

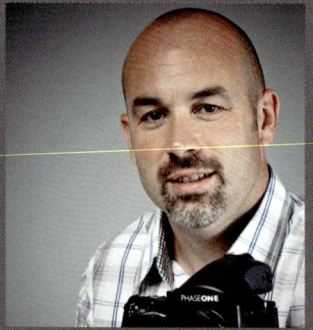

FOTOGRAFIE - VERPLANCKE.BE

Whether in the strict lines of a stylish easy chair, the spacious feeling of a loft, or the subtle shades of a paint collection, Peter Verplancke succeeds at finding the essence and representing it with evocative eloquence. His designs always show strong attention to detail while remaining uncluttered. This is an exceptional blend of styles in the image of his other work.

East Hampton Escape **New York City Oasis** **Marrakech Lounge**

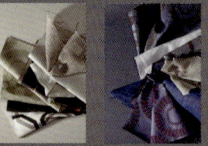  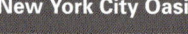 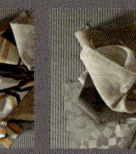 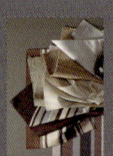 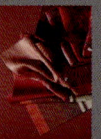

Bohemian Bruges

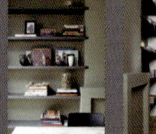 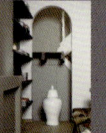 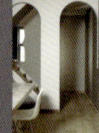 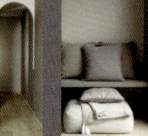 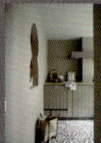 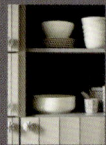 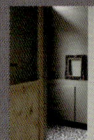 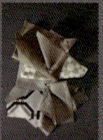

Contemporary Country Life

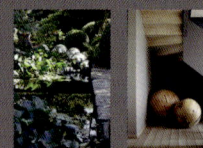 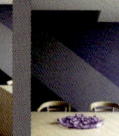 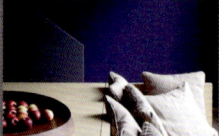 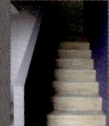 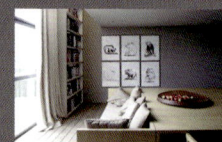 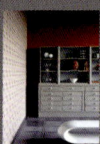

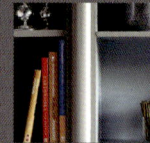 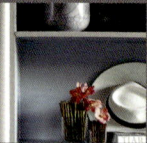 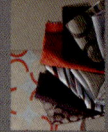 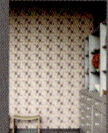

Rustic Rurality

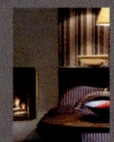 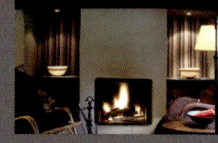 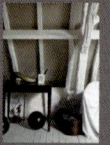 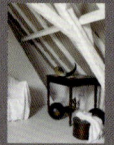 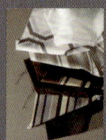

CM 11 wet sand

Travel Notes

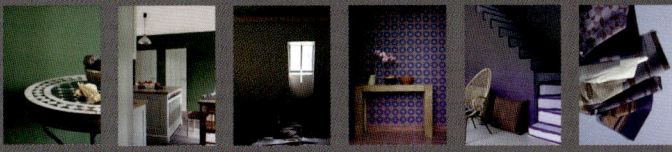

Mini Retreats

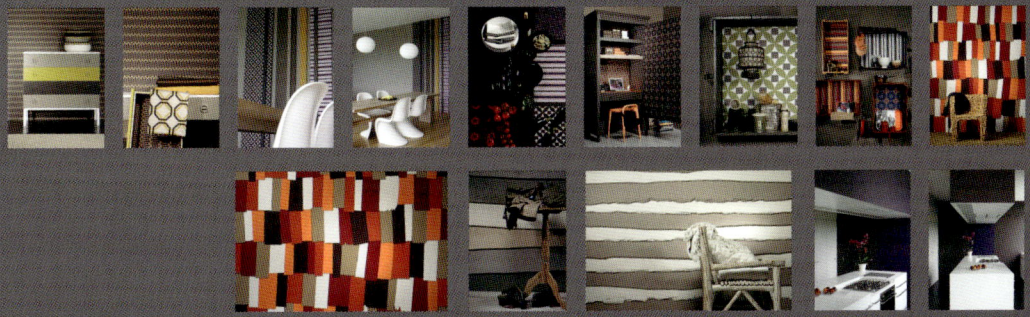

SOPHIEALLEGAERT.BE

Sophie Allegaert has a passion for travel, interiors and writing. Her attempts to combine these three passions as often as possible have led her to many exceptional places, both within her own country and abroad. She lives in Bruges and enjoys every moment in her city.

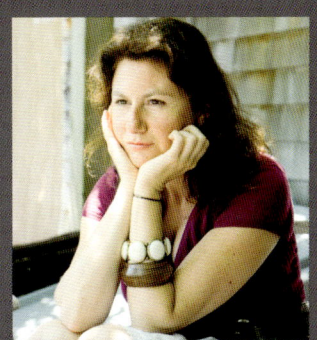

CM 11 wet sand

VERNE.BE

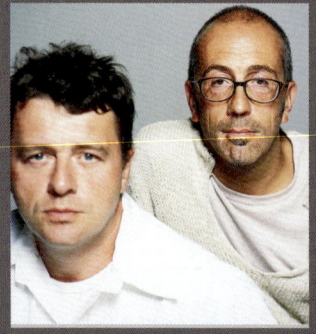

Consisting of the duo of Belgian photographers, Eugeen Van Groenweghe and Herman Van Hoey, 'Verne' travels the world in search of places that touch them. From Barcelona to Hong Kong by way of New York; wherever they go, they are able to track down interiors with a little something that makes all the difference. Sometimes eccentric and daring, sometimes traditional and modest, but always perfectly rendered and immortalized.

East Hampton Escape

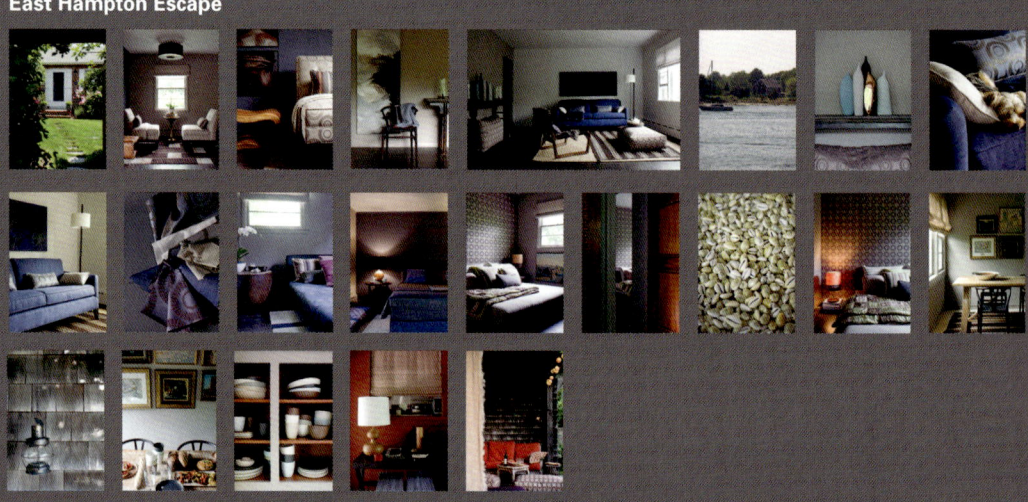

New York City Oasis

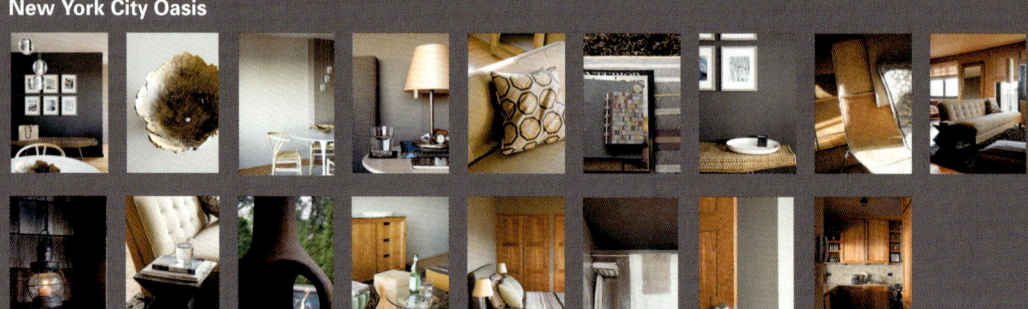

Marrakech Lounge

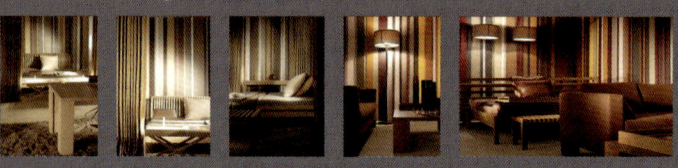

CM 11 wet sand

CHRIS MESTDAGH.COM

Belgian designer Chris Mestdagh is famous throughout Europe and Japan. His inspired collections of paint and wallpaper, his refined furniture line, his high quality interior fabric, his exceptional home linens and his coordinated rugs form a harmonious ensemble. Each collection has a quality label bearing his name.

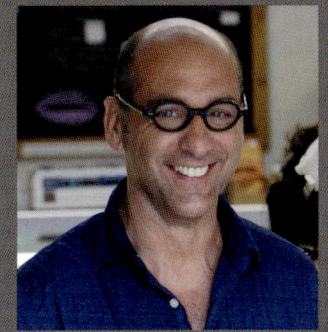

East Hampton Escape   **Travel Notes**

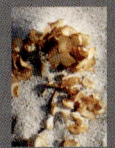 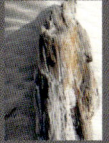 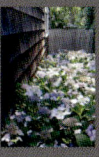 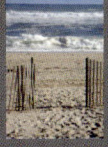 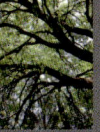 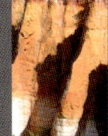 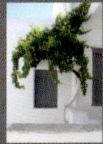

New York City Oasis   **Marrakech Lounge**

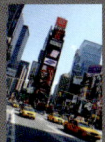 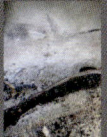 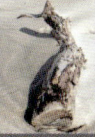 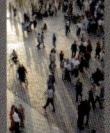 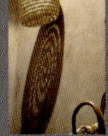 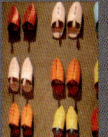 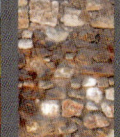

Bohemian Bruges   **Rustic Rurality**

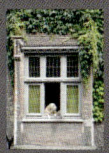 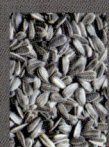 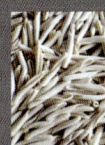 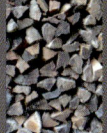 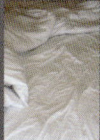

CM 11 wet sand

With thanks to
www.bob-eck.com
www.colorswithaview.com
www.geertpattyn.be

Models
Cooper & Pepto
The dog of Bruges

Editorial project
www.chrismestdagh.com

Photography
www.verne.be
www.fotografie-verplancke.be
www.chrismestdagh.com

Text
www.sophieallegaert.be

Translation
Taal-Ad-Visie, Brugge

Final editing
Heide-Mieke Scherpereel
Karel Puype

Styling
www.am-0645.com

Layout
www.am-0645.com

Design
www.chrismestdagh.com

Prepress
www.zoeck.be

Printing
www.groupvandamme.eu

Published by
Stichting Kunstboek bvba
Legeweg 165
B-8020 Oostkamp
info@stichtingkunstboek.com
www.stichtingkunstboek.com

© Original text by Sophie Allegaert
© Photography by Verne
© Photography by Peter Verplancke
© Photography by Chris Mestdagh
© Design & Layout by Am0645 Chris Mestdagh

Some of the interior shots feature furniture and carpets designed by Chris Mestdagh.
All the paint colors, wallpapers and interior fabrics are designed by Chris Mestdagh.

This book was published with the support of BOSS paints www.boss.be

The colors in this book may differ slightly from the original colors.

ISBN 978-90-5856-336-1
D/2009/6407/23
NUR 454

All rights reserved. No part of this publication may be reproduced, stored in a retrieval system, or transmitted in any form, or by any means, electronically, mechanically, photocopying, recording or otherwise without prior permission in writing from the publisher.

© Chris Mestdagh & Stichting Kunstboek, 2009